AF587546

Collection Uncreative Writings

2017 **a, A Novel**
Derek Beaulieu

2018 **L'écriture sans écriture**
Kenneth Goldsmith
Traduction : François Bon

2018 **Are you here?**
Hans Ulrich Obrist

Are you here?

© Jean Boîte Éditions, 2018

Tous droits de traductions réservés pour tous pays. Tous droits de reproduction, même partielle, sous quelque forme que ce soit, y compris la photographie, photocopie, reproduction numérique sous toutes ses formes, réservés pour tous pays. Toute reproduction, même fragmentaire, non expressément autorisée, constitue une contrefaçon passible des sanctions prévues par la loi sur les droits d'auteurs (11 mars 1957).

ISBN : 978-2-36568-014-1

Are you here?

Hans Ulrich Obrist

Introduit par Etel Adnan

Always further yet
Toujours plus loin

JEAN BOÎTE
ÉDITIONS

Toujours plus loin
Always further yet

Etel Adnan

Poèmes libres
Notebook I
Notebook II

Hans Ulrich Obrist

Biographies

Toujours plus loin

par Etel Adnan

Oui, Hans Ulrich Obrist a pris des trains, dès sa jeunesse, il y a même dormi, puis il a principalement couru vers le monde de l'art, répondant au magnétisme des images et des idées qui ne cessent de tourner autour de ces activités particulières dont le prestige ne cesse de nous hanter.

Il a monté des expositions fabuleuses, et provoqué des secousses dans le monde des foires, galeries et musées, partout dans le monde. D'ailleurs, cela me faisait soupçonner qu'il y avait en lui un créateur : non seulement parce que certains accrochages sont eux-mêmes des créations, mais aussi parce qu'une telle passion ne pouvait venir que d'un être lui-même impatient de participer au processus qui donne naissance à tous ces travaux. Dans ce domaine, poursuivre une pensée jusqu'au bout, ne peut qu'aboutir au besoin de pousser cette pensée elle-même dans son actualisation la plus évidente.

Et c'est bien ce qui a eu lieu. Je pense que Hans Ulrich Obrist a gribouillé, tracé des traces, qu'il a commencé là où l'homme dit primitif ou premier a écrit, sur des murs devenus des cavernes ou dans ce qui était initialement des grottes, ces lignes parallèles et serrées, ou tournoyantes, qui semblent sortir de la fureur de son esprit. Dispersés parmi les plus extraordinaires dessins de l'Histoire (pourquoi

Always further yet

by Etel Adnan

Yes, Hans Ulrich Obrist has taken trains, beginning in his youth – he even slept in them. And then he mostly ran, toward the art world, responding to the magnetism of images and ideas constantly in the orbit of these particular activities whose prestige never ceases to haunt us.

He has organized fabulous exhibitions and made waves in the world of art fairs, galleries, and museums all around the world; which is what made me suspect, for that matter, that there was a maker within him: not only because certain hangings are themselves artistic creations, but because such passion could only ever emerge from someone who is himself keen to participate in the process that gives birth to all these works. In this domain, pursuing an idea to its end necessarily results in the need to push it to its most evident realization.

And that is just what happened. I think that Hans Ulrich Obrist scribbled and traced – that he started where so-called primitive or first man wrote, on walls become caverns or in what were caves to begin with – these tight parallel and spinning lines that seem to surge from the tempest of his mind. Scattered among the most extraordinary drawings in History (why say prehistory?), we always find groups of marks that appear to affirm the presence of a necessarily

dire préhistoire ?) on trouve toujours des groupes de tracés qui semblent affirmer la présence d'un individu nécessairement invisible qui s'affirme, ou affirme des pulsions qui l'habitent, sur des surfaces de fortune. Ce sont des gestes primordiaux qui deviennent tout aussi bien le début que l'aboutissement de l'art.

Il vient de dévoiler au public des œuvres singulières, et quand on ouvre le livre dont elles font l'objet, on est pris, étonné, on se demande qui est là, et vers où l'on est mené, si on est en terrain familier ou non, jusqu'au moment où l'on se retrouve dans une sorte de jungle, où l'on est pris dans des entrefilets que l'on soupçonne être sans fin. Mais non : on découvre aussi plus loin des espaces vides, des pages presque blanches, revenant à la trace, au recul, au besoin aussi non de remplir mais de créer du vide.

Ce qui sursaute aux yeux, c'est tout d'abord la présence de tampons, l'utilisation obsessive de ces tampons, un objet qui est moins prévalent que par le passé, mais si évocateur ! Tout un monde surgit, monde multiple, et éminemment ambigu : d'abord, il y a ces démarches administratives, ces permis de ceci ou de cela, qu'on refuse ou qu'on accorde. Nous qui sommes devenus une humanité de migration ou de voyage, que de tampons sur nos passeports, que de rêves réalisés ou rendus impossibles. Ce bruit sourd sur une petite feuille qui nous laisse passer, nous ouvre le monde, ou nous échappe et nous ramène à notre misère. Les tampons nous ramènent à la malle des Indes, aux colis postaux, à ces traces que nous regardions avec intensité quand nous étions des enfants et qu'une lettre arrivait...bouleversant la famille de joie, ou de terreur.

À force de saturer ses pages du résultat de ses gestes répétitifs, Hans Ulrich Obrist (qu'il faut imaginer assis par terre et tapant fort sur ses feuilles de papier) produit de véritables dessins à plusieurs couches, où les contours de son outil qu'on entrevoit créent des rythmes touffus qui donnent une valeur artistique à l'ensemble. Ici et là des mots reviennent, des concepts, ou des noms d'amis, qui s'ouvrent des chemins dans ces entrelacs de lignes, vous posent des questions, vous troublent. Un de ces mots est *hurricane*, ces méga-ouragans qui ont récemment occasionné des destructions d'une ampleur qui nous était inconnue. Et la page elle-même devient une sorte d'ouragan destinée uniquement à l'esprit.

Ce qui prime dans cette expérience du début c'est ce qui fût, j'en suis sûre, la découverte par Hans Ulrich Obrist du tampon lui-même, sa re-découverte, car l'enfant en lui a répété cette réponse naturelle à tout objet qui fait l'enchantement de l'enfance. Tap, tap, tap... voici une découverte importante dans le domaine de l'art lui-même : l'outil n'est plus un moyen vers un accomplissement désiré, mais plutôt la raison même de l'œuvre. Le tampon qui laisse ses propres traces devient une sorte de dessin qui se dessine lui-même !

invisible individual asserting himself, or the drives that inhabit him, on makeshift surfaces. These are primordial gestures that become both the genesis and the consummation of art.

He has just unveiled singular artworks to the public, and on opening the book of which these are the subject, we are taken in their grip, stunned – wondering who is there and where we are being led, if we are on familiar ground or not – until the moment when we find ourselves in a jungle of sorts, where we are caught up in seemingly endless scraps of information. But no – further along we also discover empty spaces, nearly blank pages, returning to the trace, to distance, to the need to create space rather than to fill it.

What first jumps out is the presence of stamps, the obsessive use of stamps – objects less-prevalent now than in the past, yet so evocative! An entire world wells up, a multiple and eminently ambiguous world first recalling administrative procedures – the permits for this or that, granted or refused. For we who have become a migratory, journeying humanity, the stamps on our passports are so many dreams realized or made impossible. That muffled sound on a small leaf of paper allows us to pass, opens the world to us, or escapes us and returns us to our misery. Stamps bring us back to the Indian trunk, to postal parcels, to those traces we regarded with such intensity as children when a letter arrived, overwhelming the family with joy or with terror.

By saturating pages with the result of his repetitive gestures, Hans Ulrich Obrist (who we must imagine sitting on the floor, striking these leaves of paper forcefully) produces genuine, layered drawings, where the contours of his tool, glimpsed in the work, create dense rhythms that lend artistic value to the ensemble. Here and there, words return – concepts or friends' names that open paths in these interlacing lines, troubling and asking questions of the viewer. One of these words is *hurricane*, those storms that have recently caused destruction on a previously unknown scale. And the page itself becomes a hurricane of sorts, destined solely for the mind.

What prevails in this experience of the beginning is what I'm sure was Hans Ulrich Obrist's discovery of the stamp itself – its rediscovery. The child in him repeated the natural response to those objects which enchant childhood: tap, tap, tap... And here is an important discovery in the field of art itself: the tool is no longer a means to accomplish a desired end, but rather the very reason for the artwork. The stamp that leaves its own traces becomes a kind of image that gives shape to itself!

The search continues in a later section as certain themes reappear: *hurricane* is still present, as it continues to devastate cities and countries. The word urgent snakes between elements of the drawings,

Dans une section suivante, la recherche continue. D'une part, certains thèmes, reviennent : *hurricane* est toujours présent, puisqu'il continue à dévaster des villes et pays. Le mot *urgent* se faufile entre les éléments des dessins parce que Hans Ulrich Obrist vit dans un état d'urgence, l'urgence des rendez-vous, des expositions, et, en dessous, l'urgence de vivre, car il a frôlé la mort dans sa première jeunesse, et celle-ci est (pour tous) toujours présente, toujours possible. La notion de modernité revient aussi, souvent écrite en forme de soleil, car pour lui la modernité est un centre inévitable et un centre de vie, nous y sommes pleinement… et cette modernité nous mène à la mondialisation, une actualité dont le rejet mène naturellement à des conflits, et vu les moyens militaires dont nous disposons, pourrait bien mener à l'extinction. Toutes ces idées, qui lui sont existentielles, sont celles dont il débat dans ses activités quotidiennes. C'est une surprise heureuse que de les retrouver dans les « gribouillages » de ce livre.

Dans les sections « Notebook I » et « Notebook II » une accélération se produit, les pensées deviennent des émotions de plus en plus violentes, et les obsessions trouvent à leur tour leurs mots définitifs : *mourir, absolutely, blue ocean, anxious*… des clés, des portes entr'ouvertes sur un monde intérieur en ébullition, en affinité avec le vortex que notre monde planétaire est devenu. Les dessins qui en résultent sont incroyablement poignants. Hans Ulrich Obrist réussit en manipulant son outil à créer des pages de haute tension visuelle, de l'art pur.

J'aime l'apparition du rouge dans ses dessins. Son intuition, qui guide sa main, semble recréer l'effet magique de l'apparition du rouge dans le noir, chose qui arrive très très rarement, car le simple fait d'associer ces deux couleurs ne donne pas automatiquement cet effet. Dans les dessins qui nous sont donnés, une tension intérieure particulière parvient à créer cet effroi insoutenable dans lequel nous baignons.

L'ensemble de ce que Hans Ulrich Obrist vient de créer demeure proche d'un monde primordial, c'est même ce qui, de prime abord, nous attire. Puis nous sommes vite happés par ce dont il procède : un esprit ancré dans ce quotidien d'un primordial sans cesse renouvelé, qui sans cesse nous surprend, souvent nous écrase, et qui est lui-même constamment dépassé. C'est toujours à Nietzsche qu'on revient quand on parle de Hans Ulrich Obrist : ils sont, l'un et l'autre, «humain, trop humain», vivant dans un vortex qu'ils ne cessent de vouloir définir par tous les moyens qui leur sont possibles, pour nous montrer où nous sommes, et qui nous sommes.

Etel Adnan, Paris, 2018
Traduit du français par Jacob Bromberg

because Hans Ulrich Obrist lives in a state of urgency – the urgency of meetings, of exhibitions, and beneath these, the urgency to live, owing to a brush with death in early childhood – death which remains (for us all) ever present, ever possible. The notion of modernity returns as well, often written in the shape of a sun, because, for him, modernity is an inevitable center – a center of life in which we are fully immersed... and this modernity leads us to globalization, a current affair whose rejection naturally leads to conflict. And given the military means at our disposal, it could well lead to extinction. All these ideas, which are existential for him, are those he grapples with in his daily activities. It is a pleasant surprise to find them among this book's "scribblings".

In the sections "Notebook I" and "Notebook II", an acceleration takes place. It is the acceleration of thoughts, when they become increasingly violent emotions and when obsessions find their definitive words: *mourir, absolutely, blue ocean, anxious...* keys, half-opened doors to a restless inner world, in affinity with the vortex that our planet has become. The resulting images are incredibly poignant. Hans Ulrich Obrist succeeds in manipulating his tool to create pages of high visual tension, of pure art.

I like how red appears in these drawings. The intuition that guides his hand seems to recreate the magical effect of the appearance of red in black – something that occurs only very, very rarely, as the simple fact of associating two colors does not automatically produce such an effect. In these drawings, a particular interior tension manages to create this unbearable fright that envelops us.

The ensemble of what Hans Ulrich Obrist has created here remains close to a primordial world, it is even what first attracts our attention. Then we are quickly swallowed up by that from which it springs: a mind rooted in this everyday life of the primordial – ceaselessly renewed, which endlessly surprises us, often overpowers us, and is itself constantly exceeded. When we speak of Hans Ulrich Obrist, we always come back to Nietzsche: they are both "human, all too human", living in a vortex that they perpetually seek to define by all possible means, to show us where we are, and who we are.

Etel Adnan, Paris, 2018

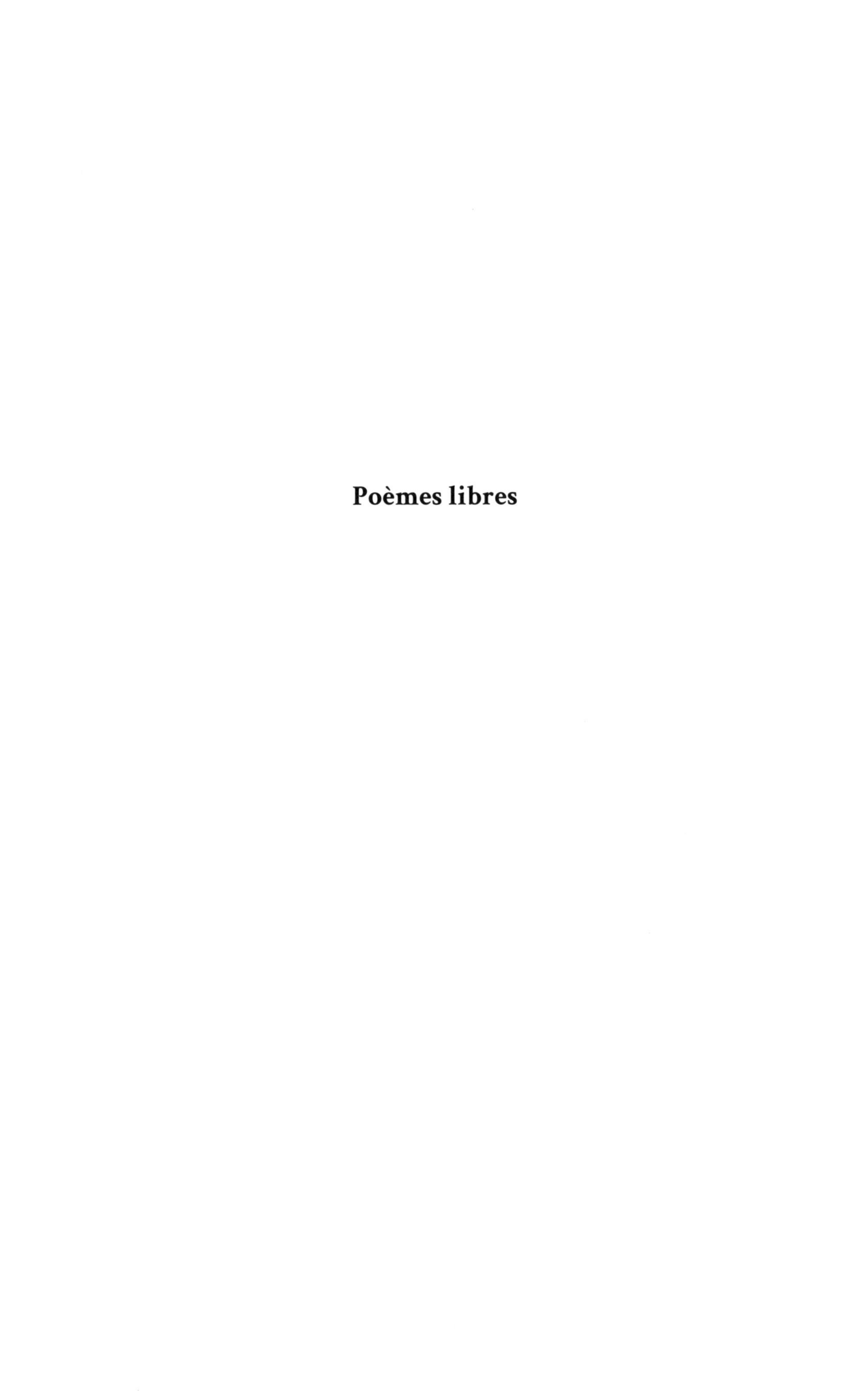

Poèmes libres

Mondialité

Edouard Glissant

Mondialité Mondialité

…ard Glissant

Mondialité

Edouard Glissant

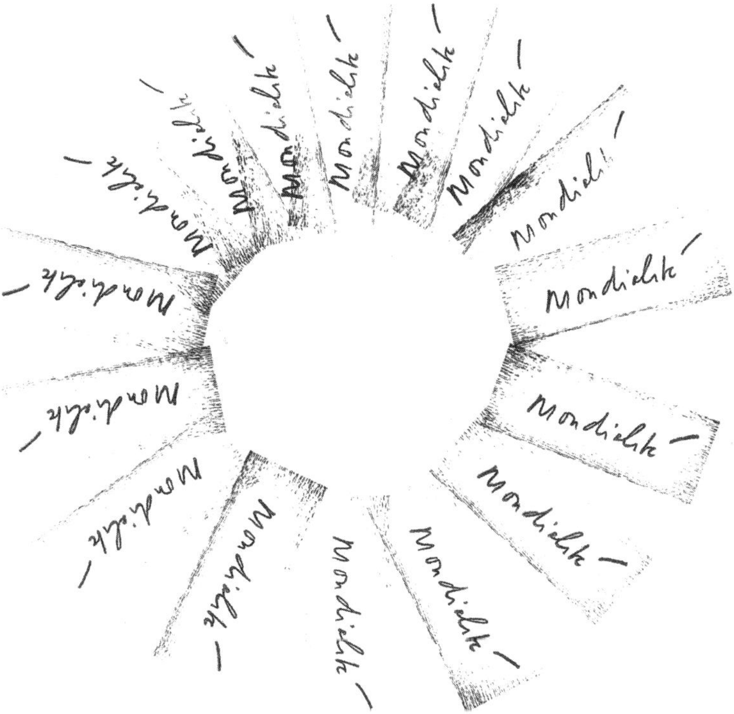

Mondialité
Mondialité
Mondialité
Mondialité
Mondialité
Mondialité
Mondialité
Mondialité
Mondialité
Mondialité
Mondialité
Mondialité
Mondialité
Mondialité
Mondialité
Mondialité
Mondialité

Édouard Glissant

Mondialité

Edouard Glissant

Mondialité —

Edouard Glissant

protest against forgetting!

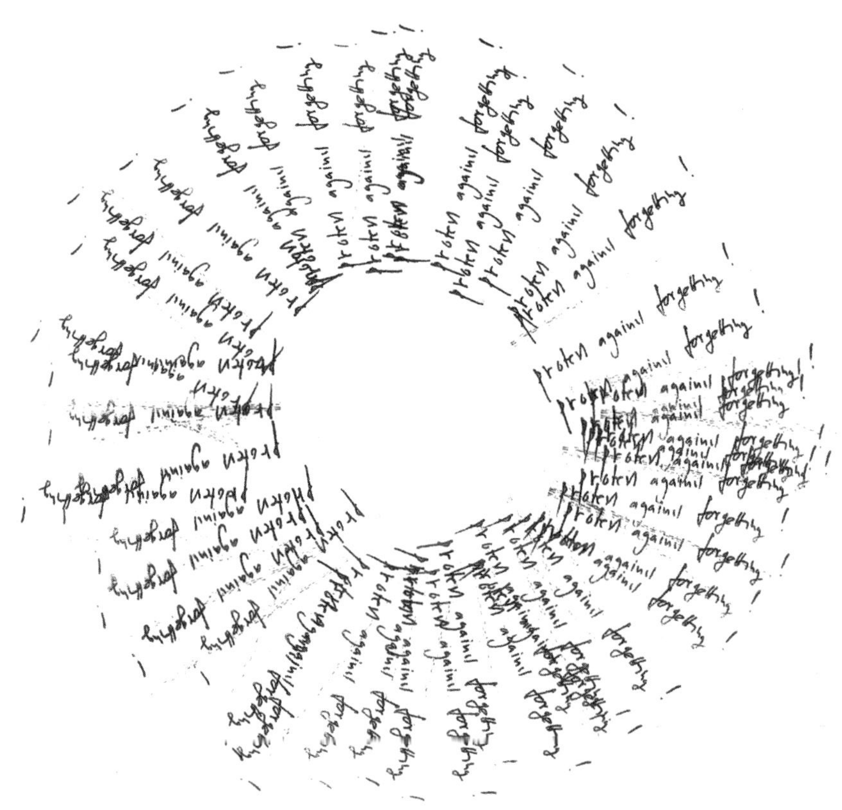

protest against forgetting!

absolutely

are you here ?

blue ocean

Bonjour

Chouchou

dont stop

Edouard Glissant

everything twice

I'm so excited

Mountains of love

OMG

This is a stamp

Urgent

Valerio

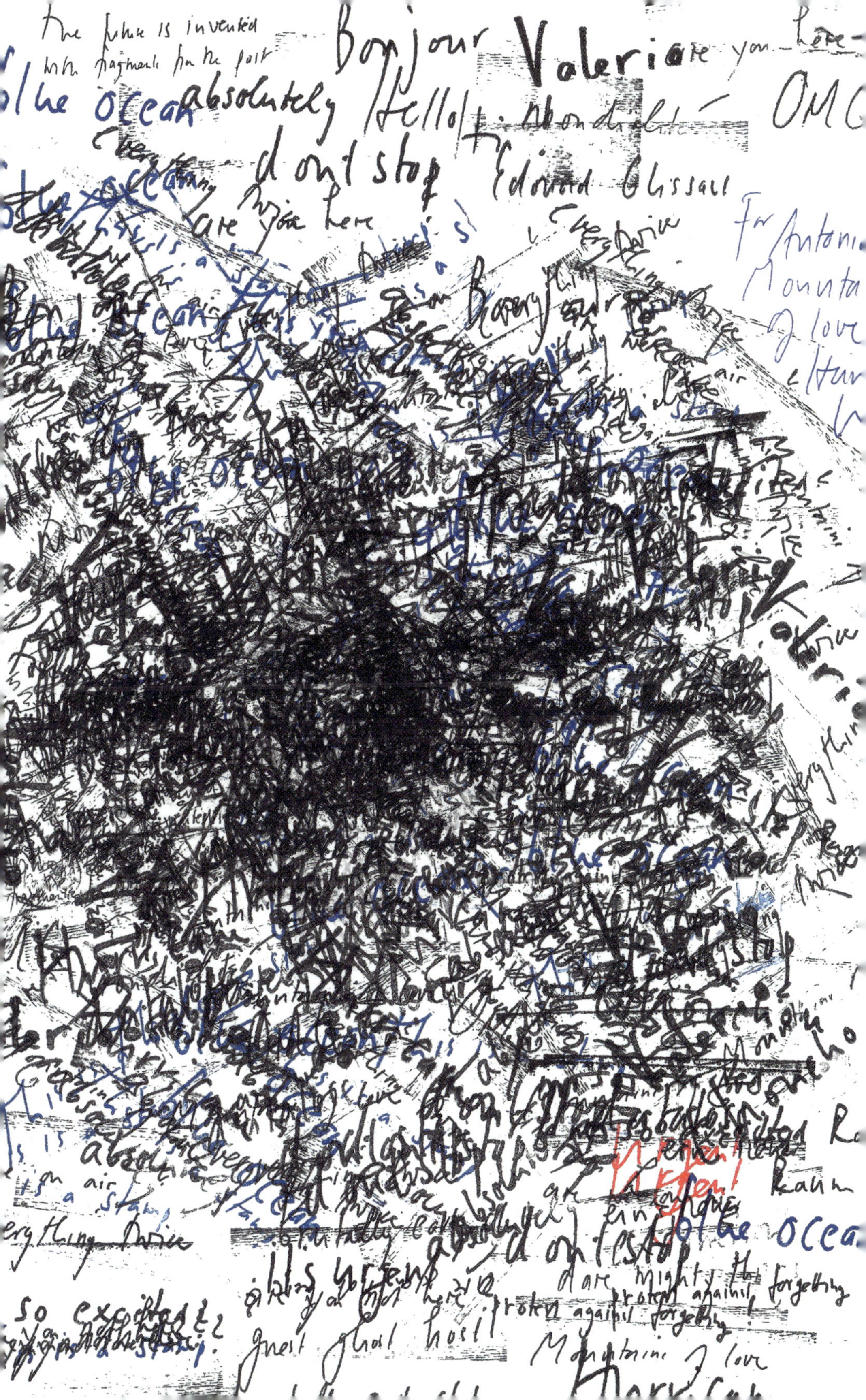

The future is invented
with fragments from the past

Bonjour Valeria are you here

OMG

blue ocean

absolutely Hello

don't stop

Edouard Glissant

are you here

Everything twice

For Antonio
Mountains
of love

blue ocean

Valeria

Everything twice

is absolutely

on air

is a stamp

Everything twice

blue ocean

don't stop

are mighty

protest against forgetting

so excited

guest

host

Mountains of love

blue ocean

Bonjour

dare mighty things

mondialité

Mountains of love

blue ocean

protest against forgetting!

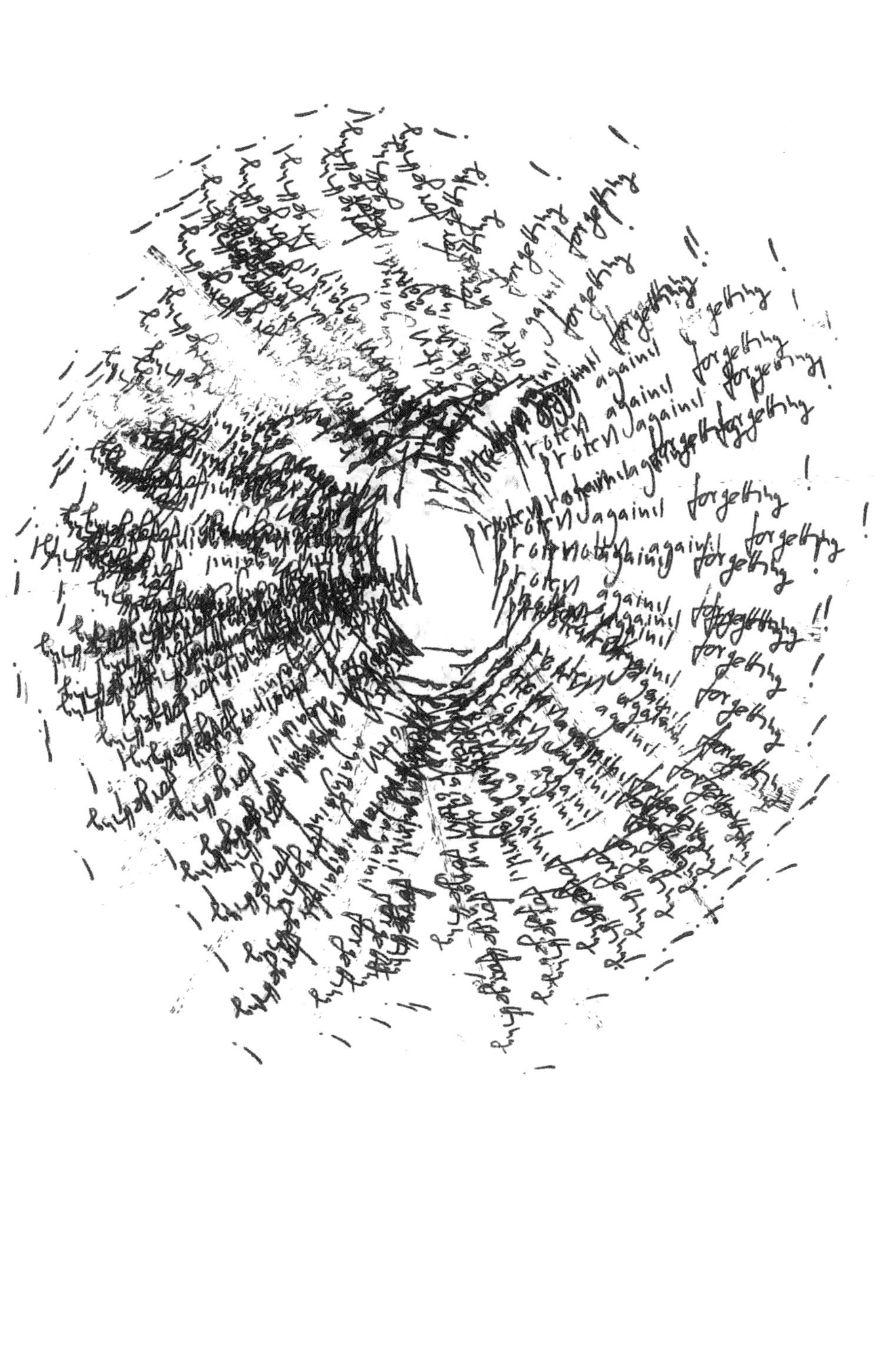
against forgetting

are you here ?

are you excited ?

Bonjour

blue ocean

Eine neue Zeit

Hi !

Hurricane

I'm so worried

it's urgent

lake of tears

protest against forgetting !

this is not a stamp

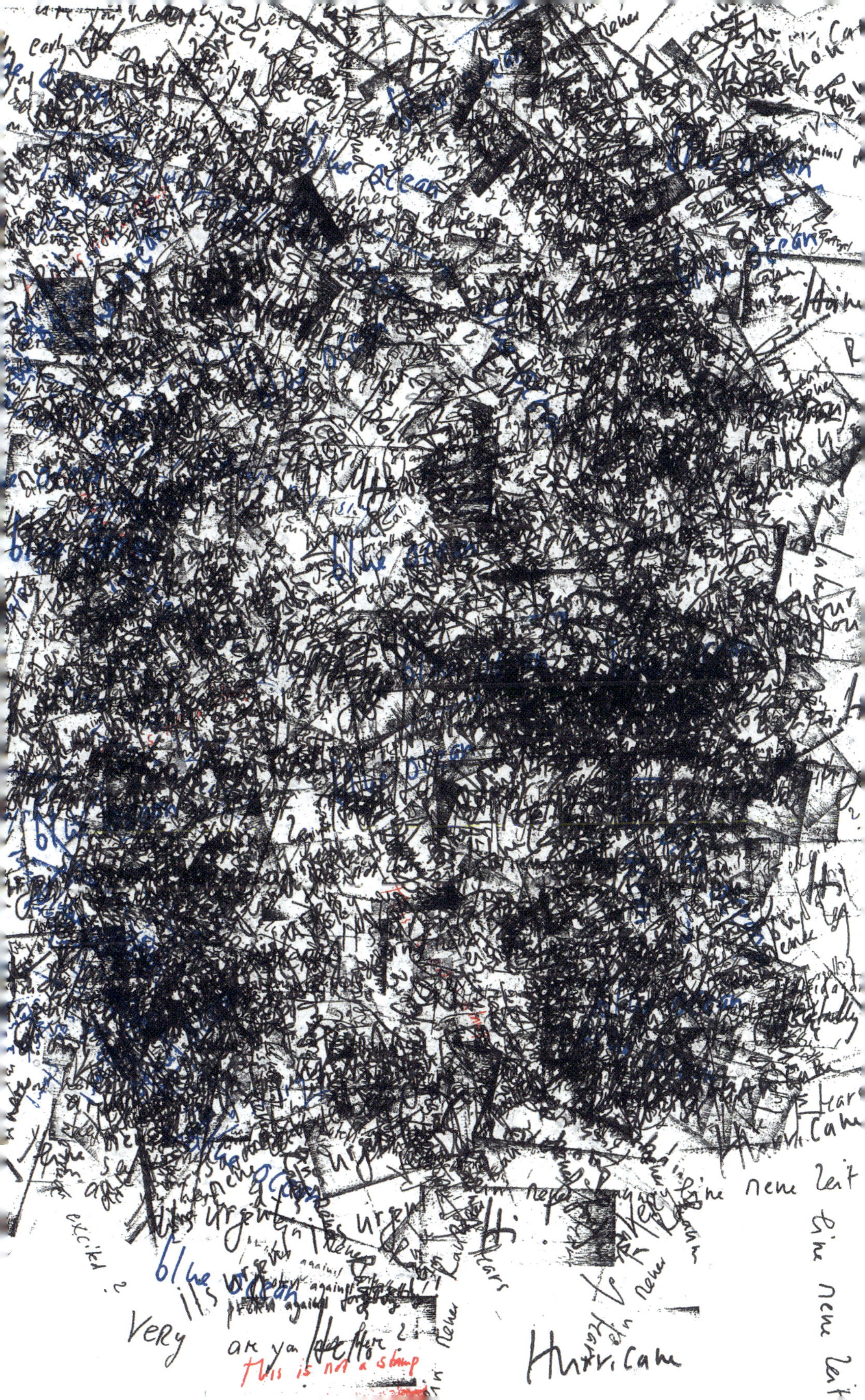

excited ?

blue ocean

Very

are you here ?

This is not a stamp

Hurricane

Eine neue Zeit

Eine neue Zeit

are you here ?

are we on air ?

blue ocean

ein neuer Raum

Umbrien

No more news

protest against forgetting

this is not a stamp

Urgent

Very

protest against forgetting VERY

are you not here?

Bonjour

dataloss

Eine neue Zeit

I'm so excited

Hi!

No more news

protect against forgetting

so anxious

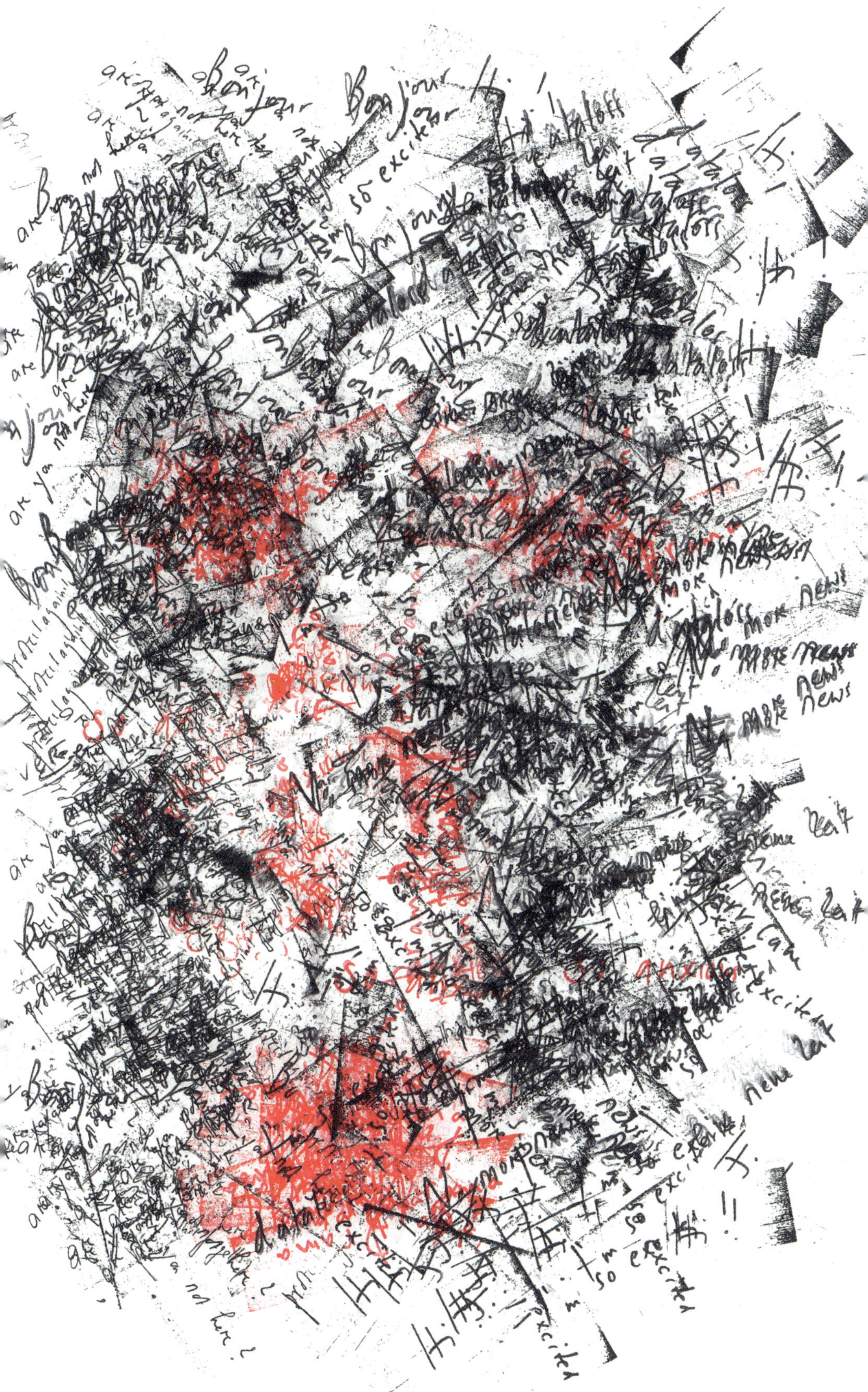
Bonjour
so excited
more news

absolutely

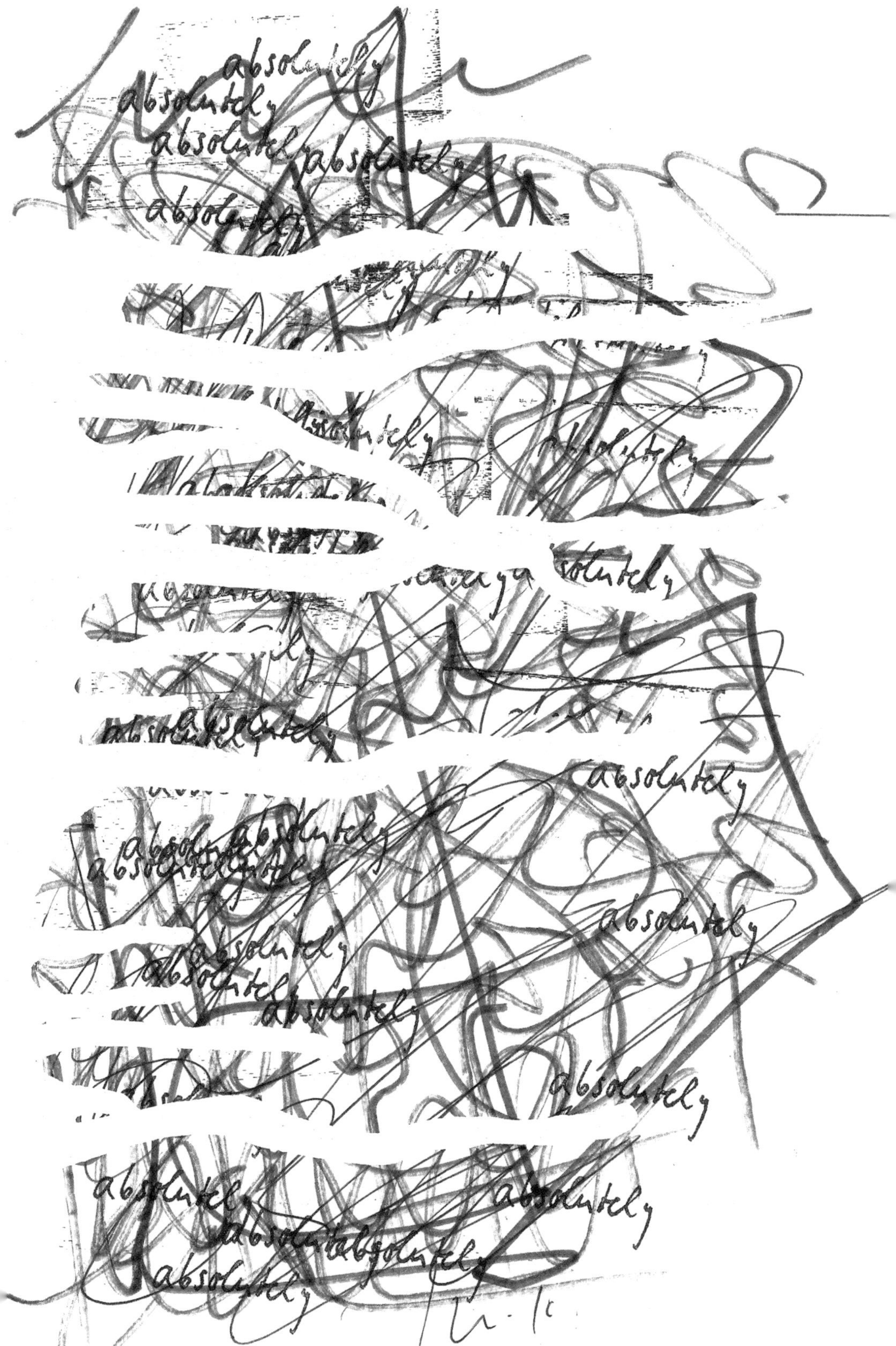

absolutely
absolutely
absolutely absolutely
absolutely
absolutely absolutely
solutely
absolutely
absolutely
absolutely
absolutely
absolutely
absolutely
absolutely
absolutely absolutely
absolutely absolutely
absolutely

OM3AM

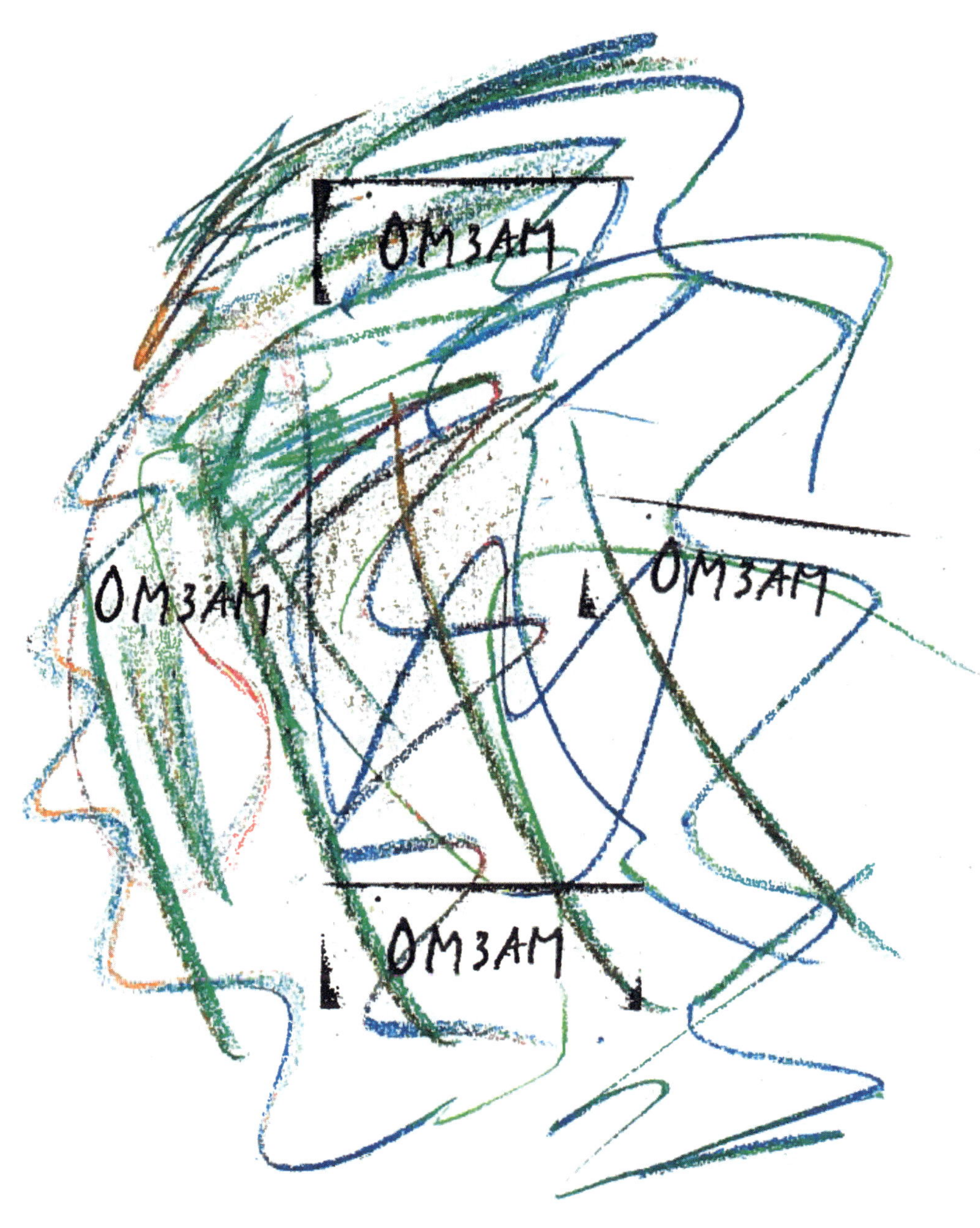
OM3AM
OM3AM
OM3AM
OM3AM

it's urgent

it's urgent

Mobrin.

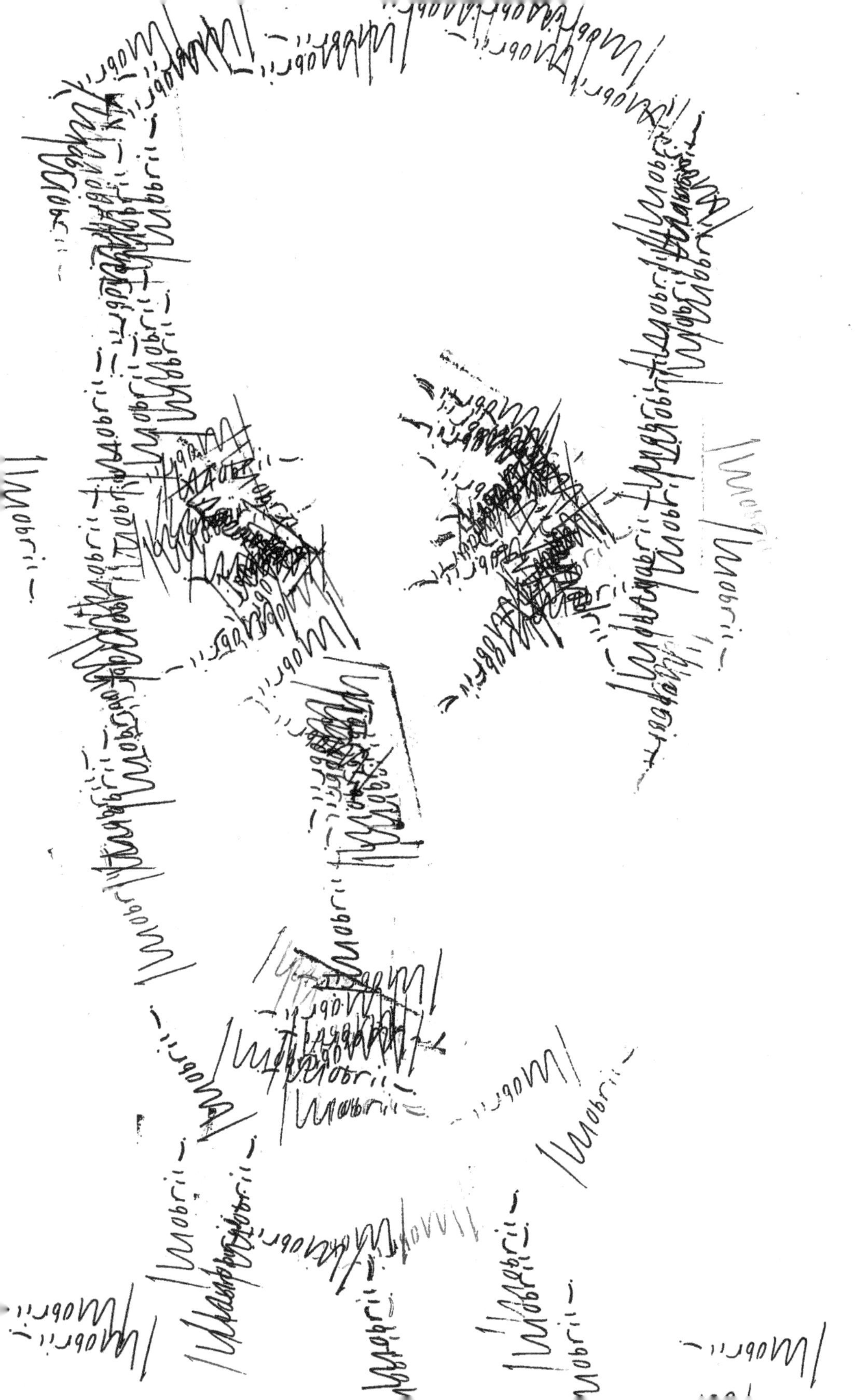

Mobrii

blue ocean

Bonjour

brutally early club

Drama

Hi !

This is a stamp

Valerio

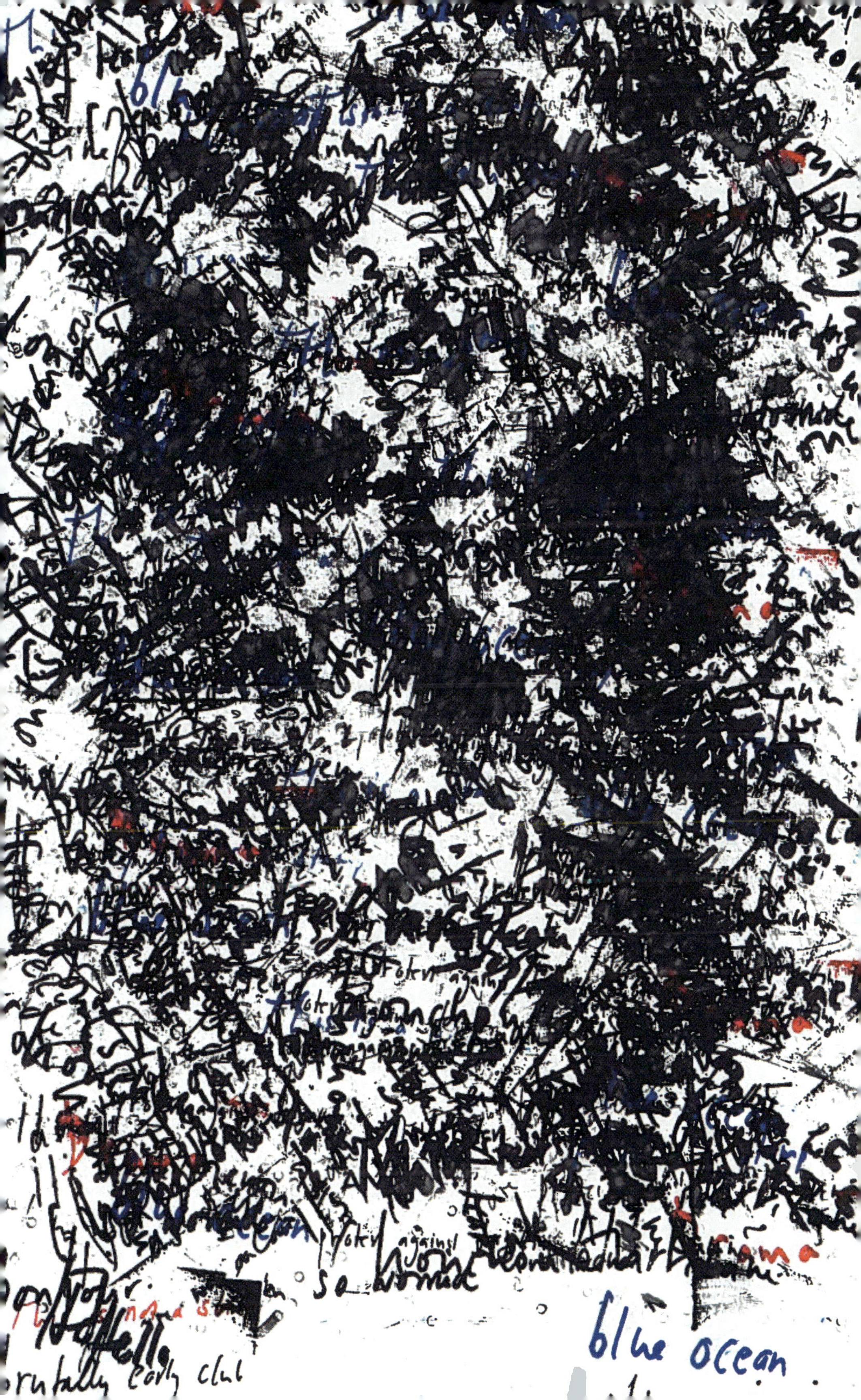
blue ocean

blue ocean

Bonjour

Valerio

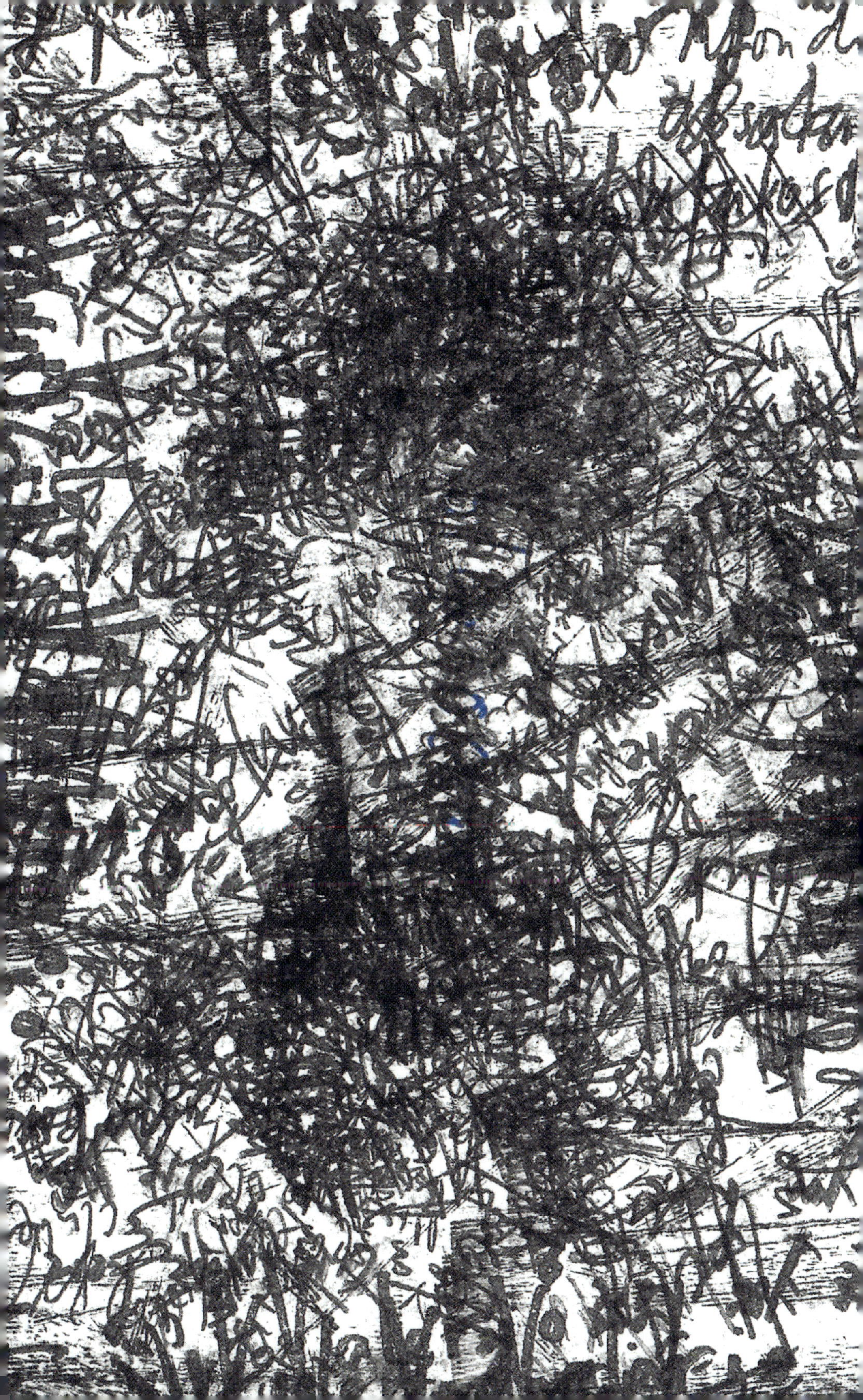

are you here ?

Chouchou

Drama

mondialité

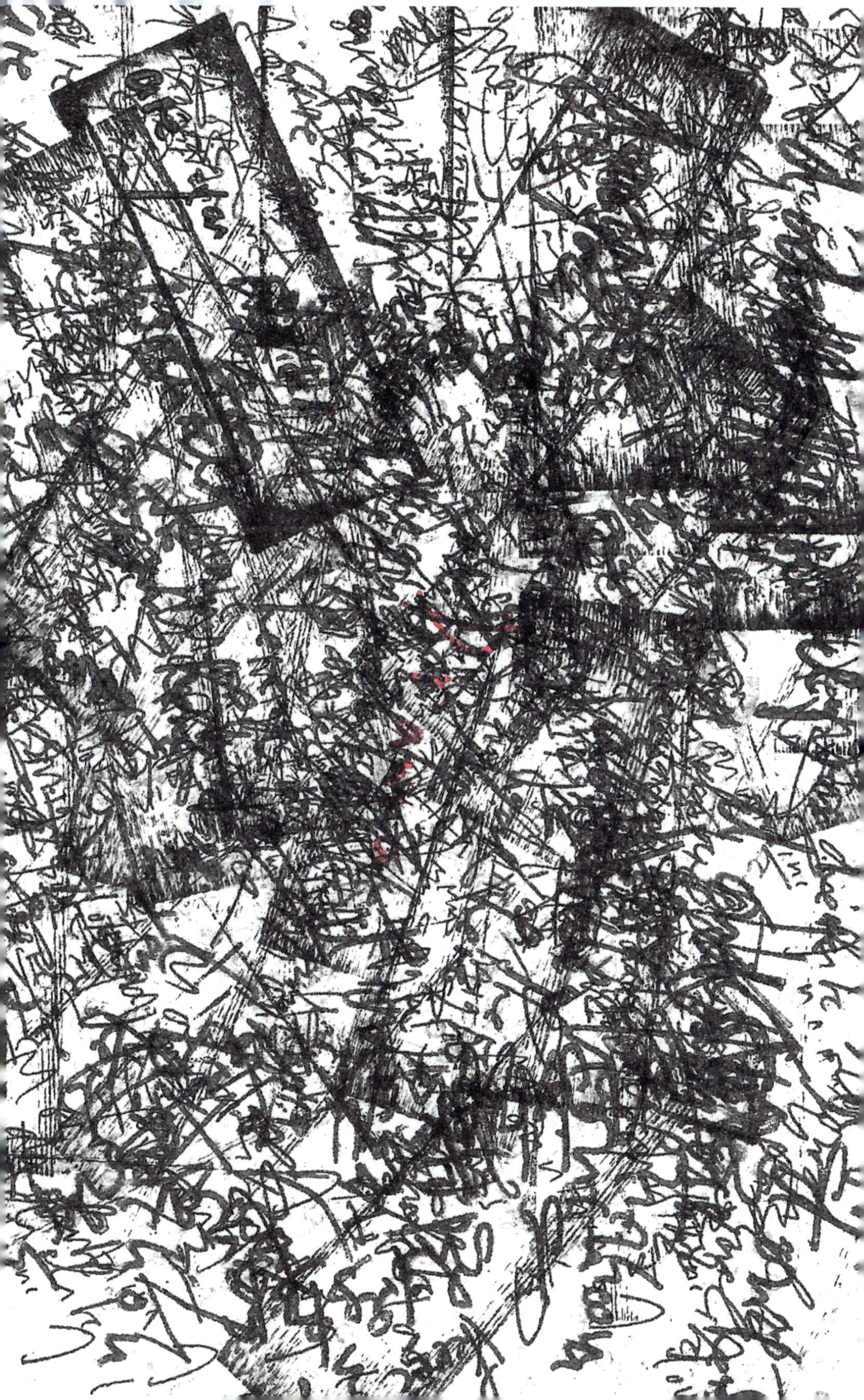

are you here ?

blue ocean

Bonjour

brutally early club

OMG

This is a stamp

Valerio

What have I done
to deserve this ?

are you here ?

This is a stamp

What have I done
to deserve this

Valerio Valerio

Valerio

Valerio

Valerio

Valerio

Valerio

are you here ?

Bonjour

Valerio

Valerio

blue ocean

Valerio

OMG

are you here ?

OMG brutally early club

brutally early club

brutally early club brutally early club

are you here ?

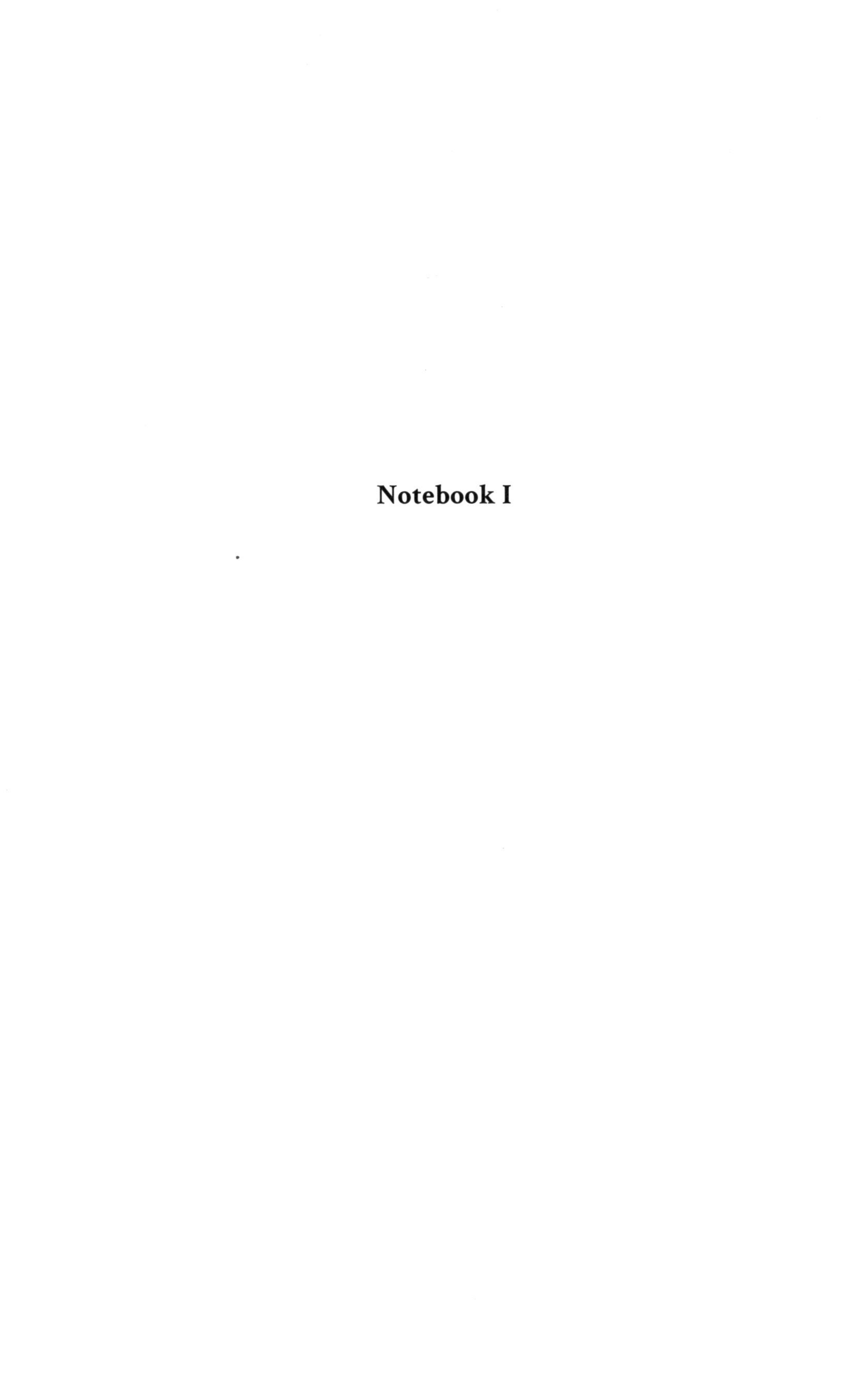

Notebook I

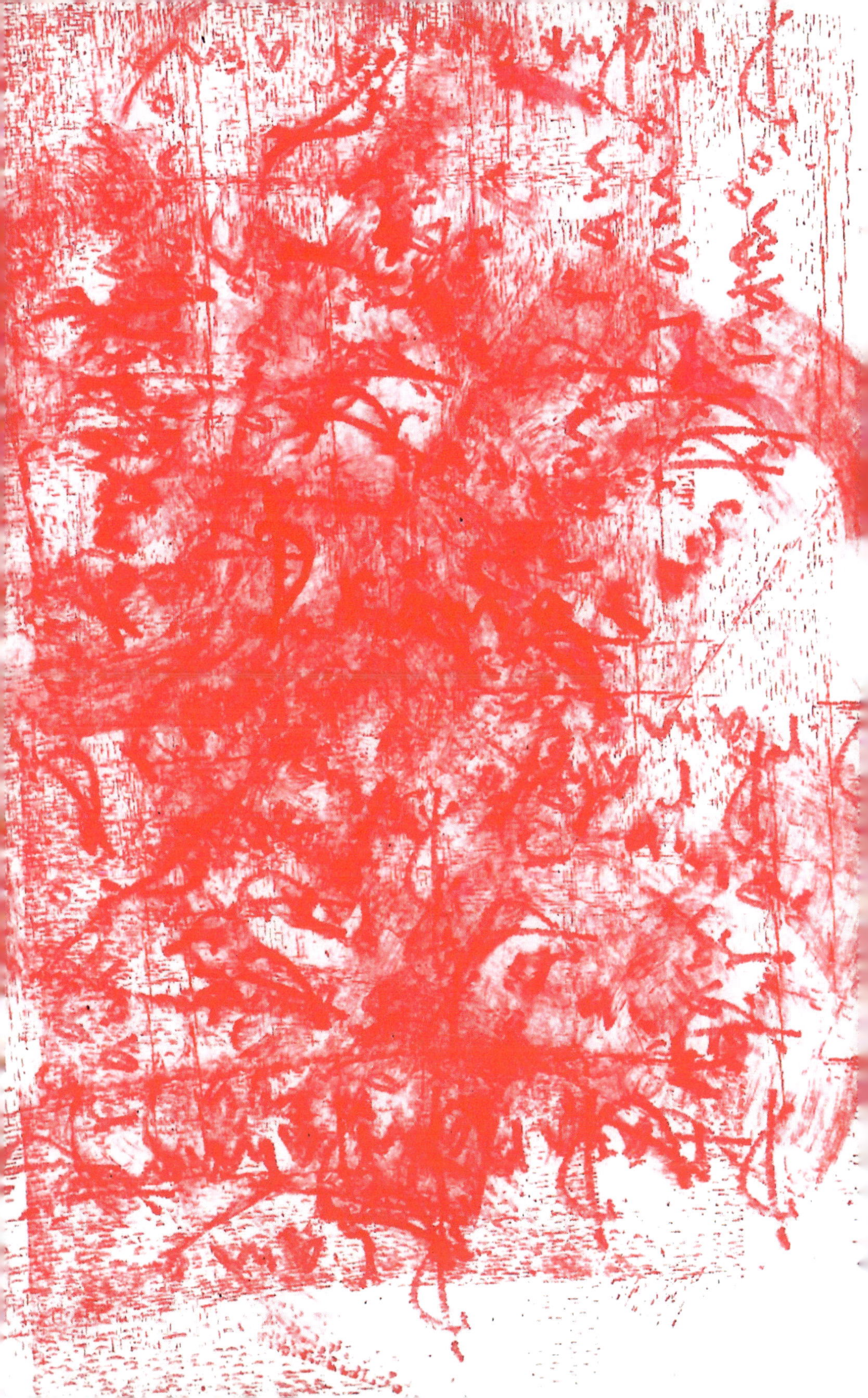

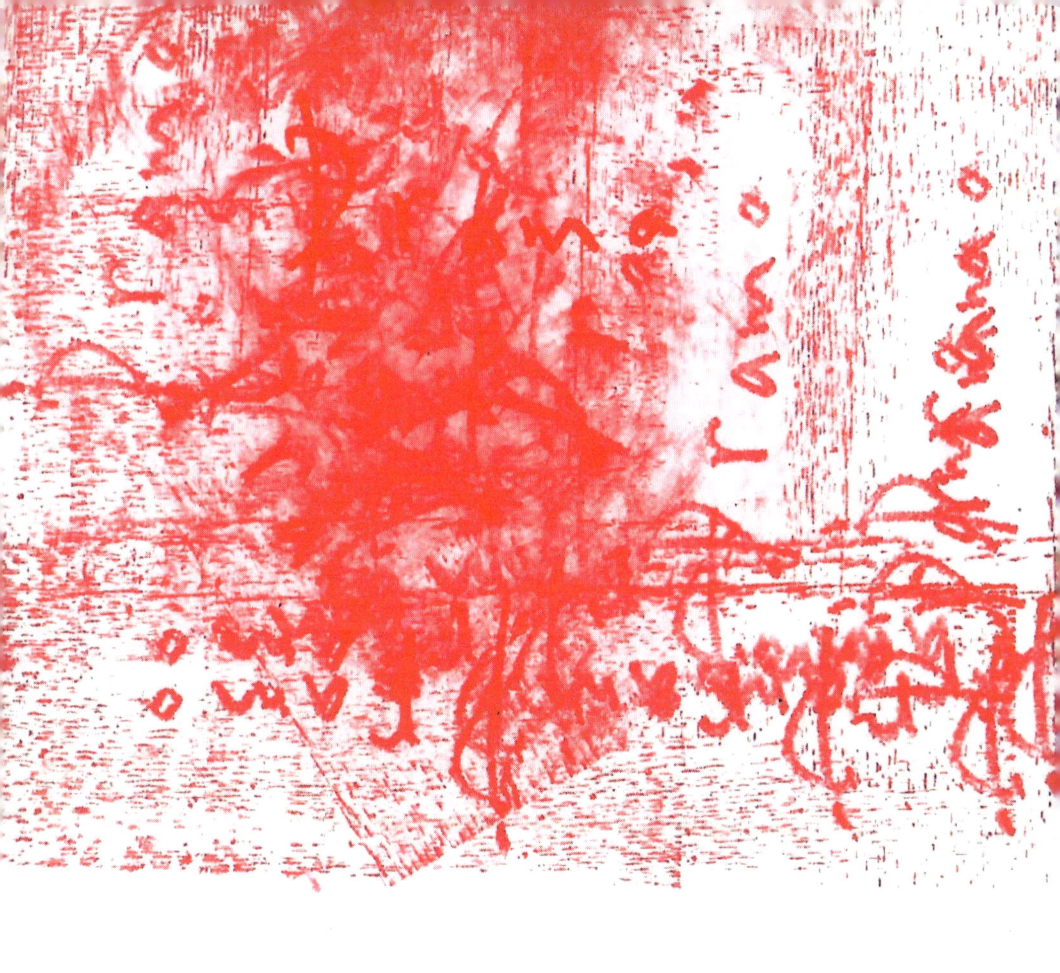

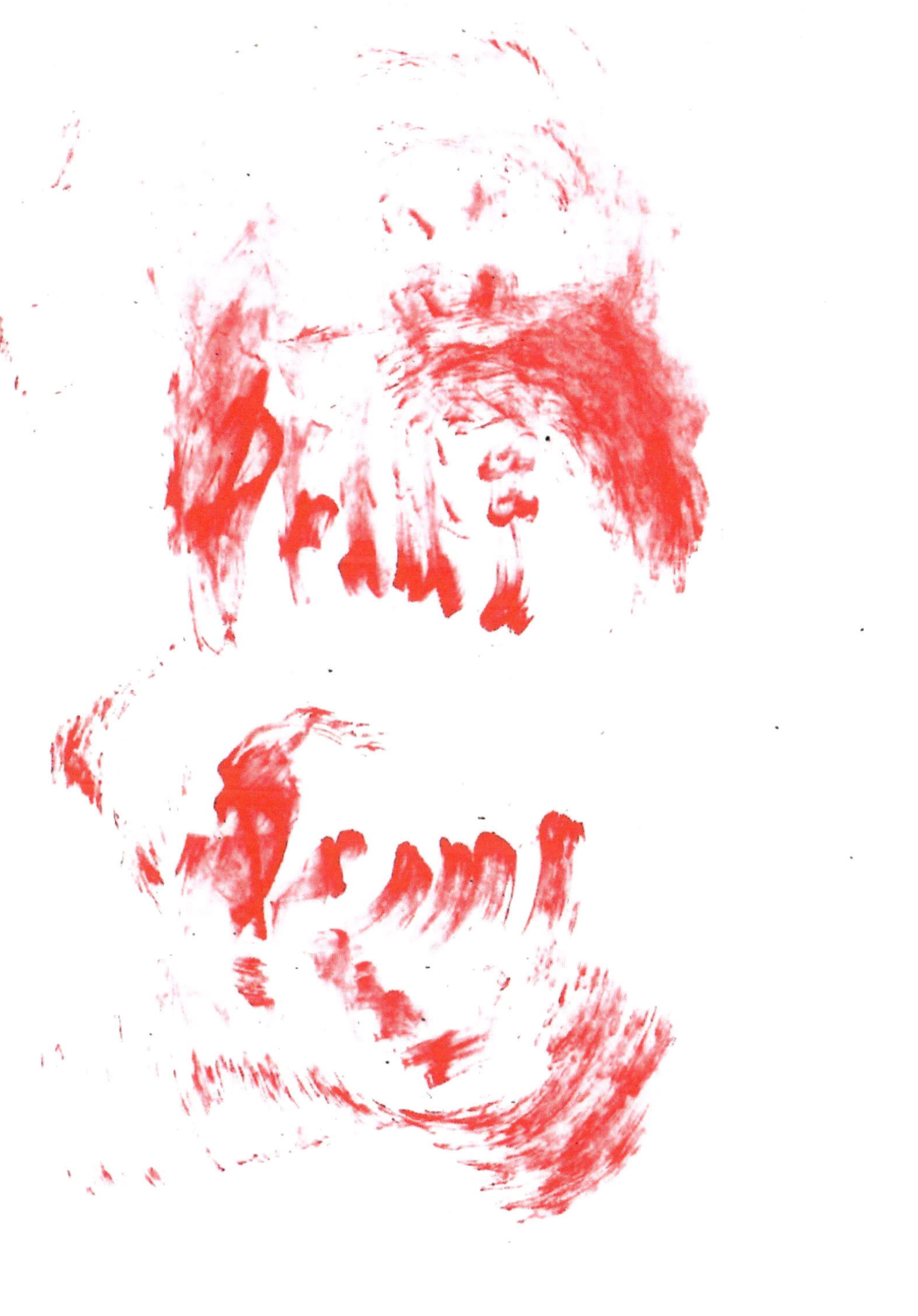

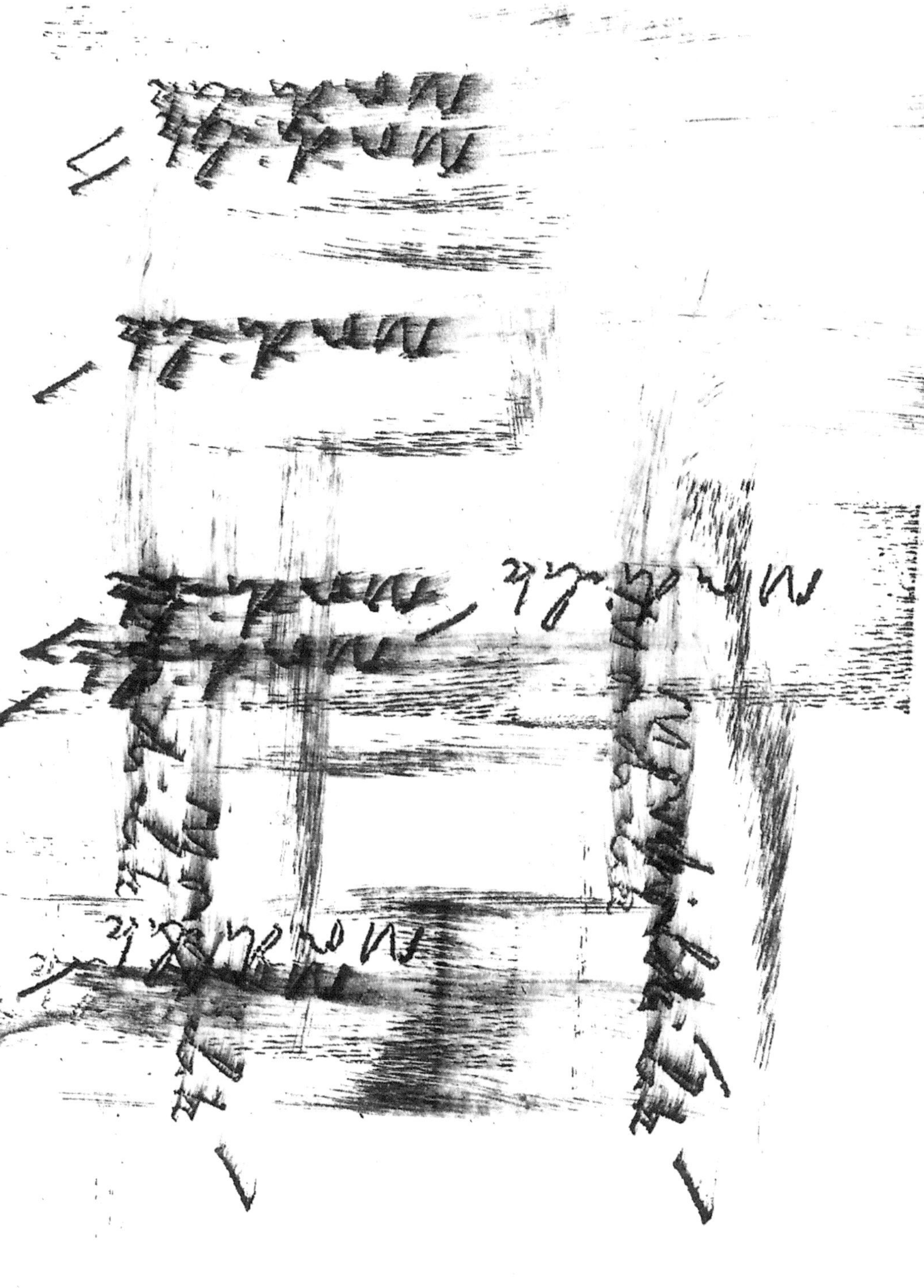

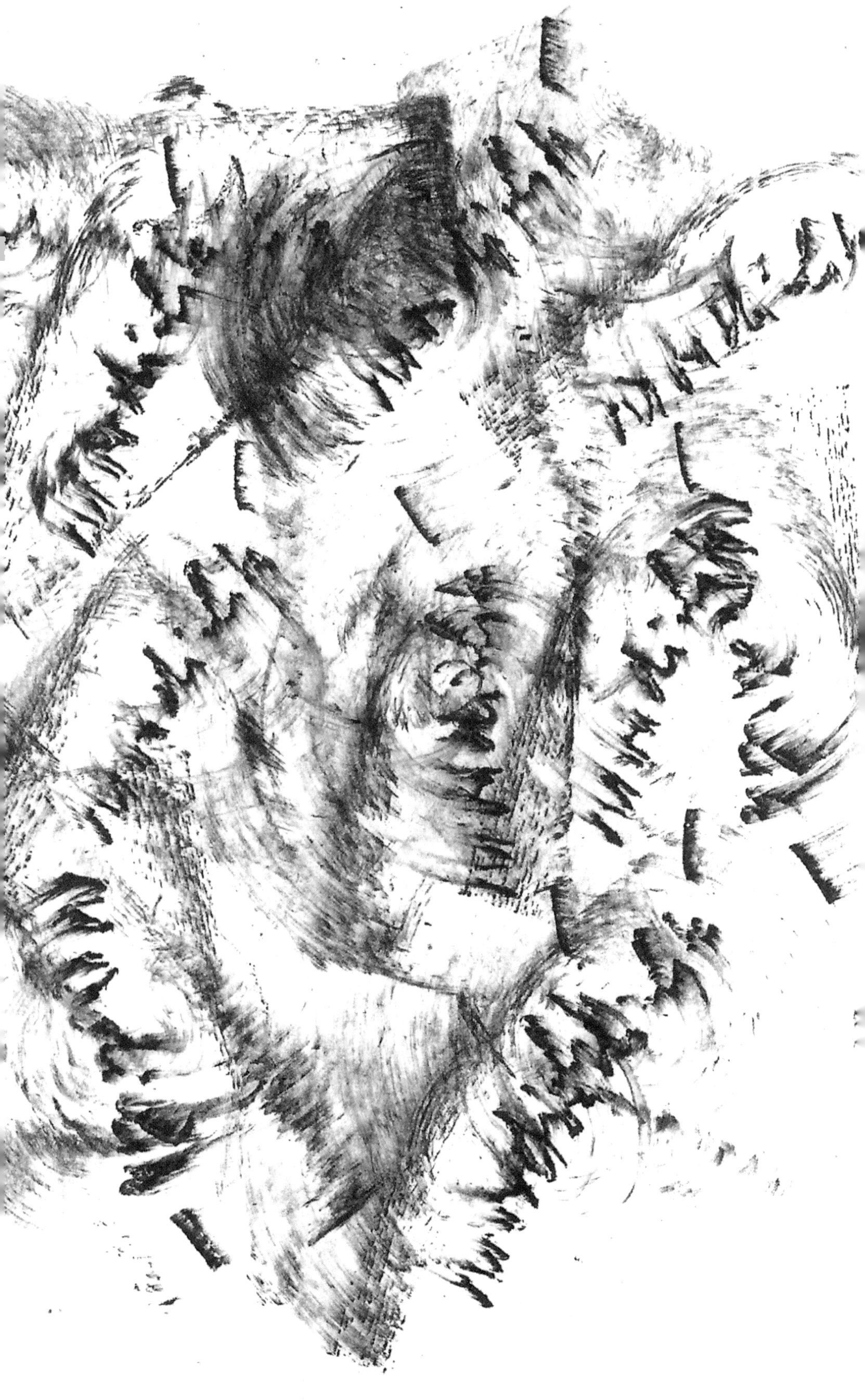

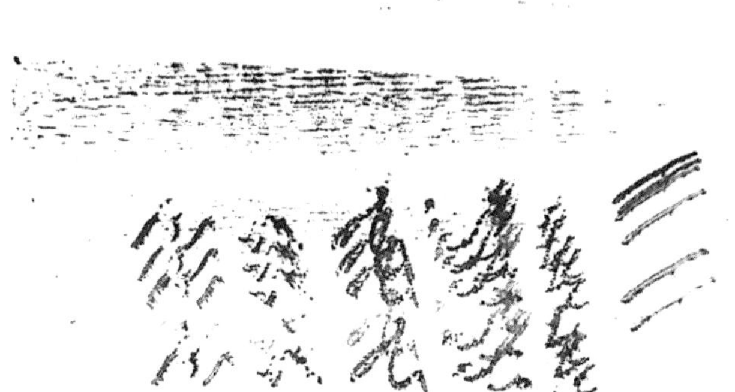

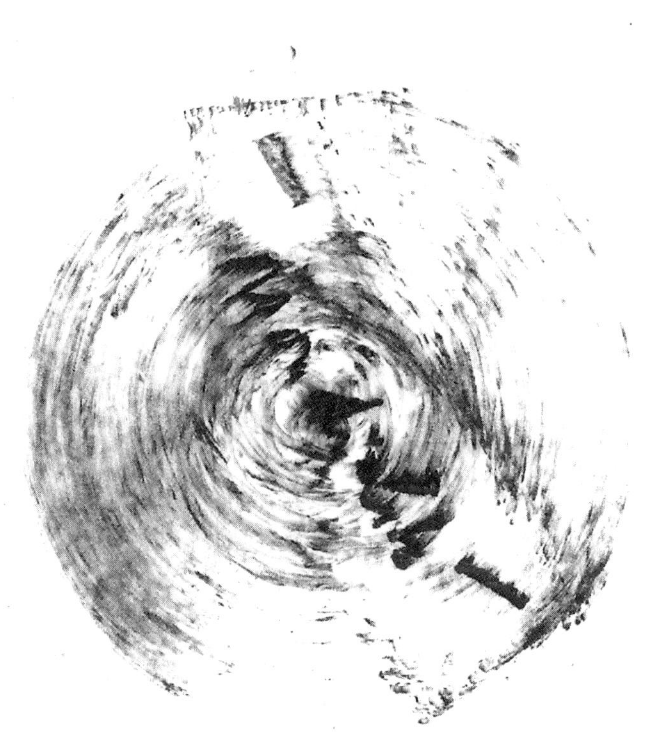

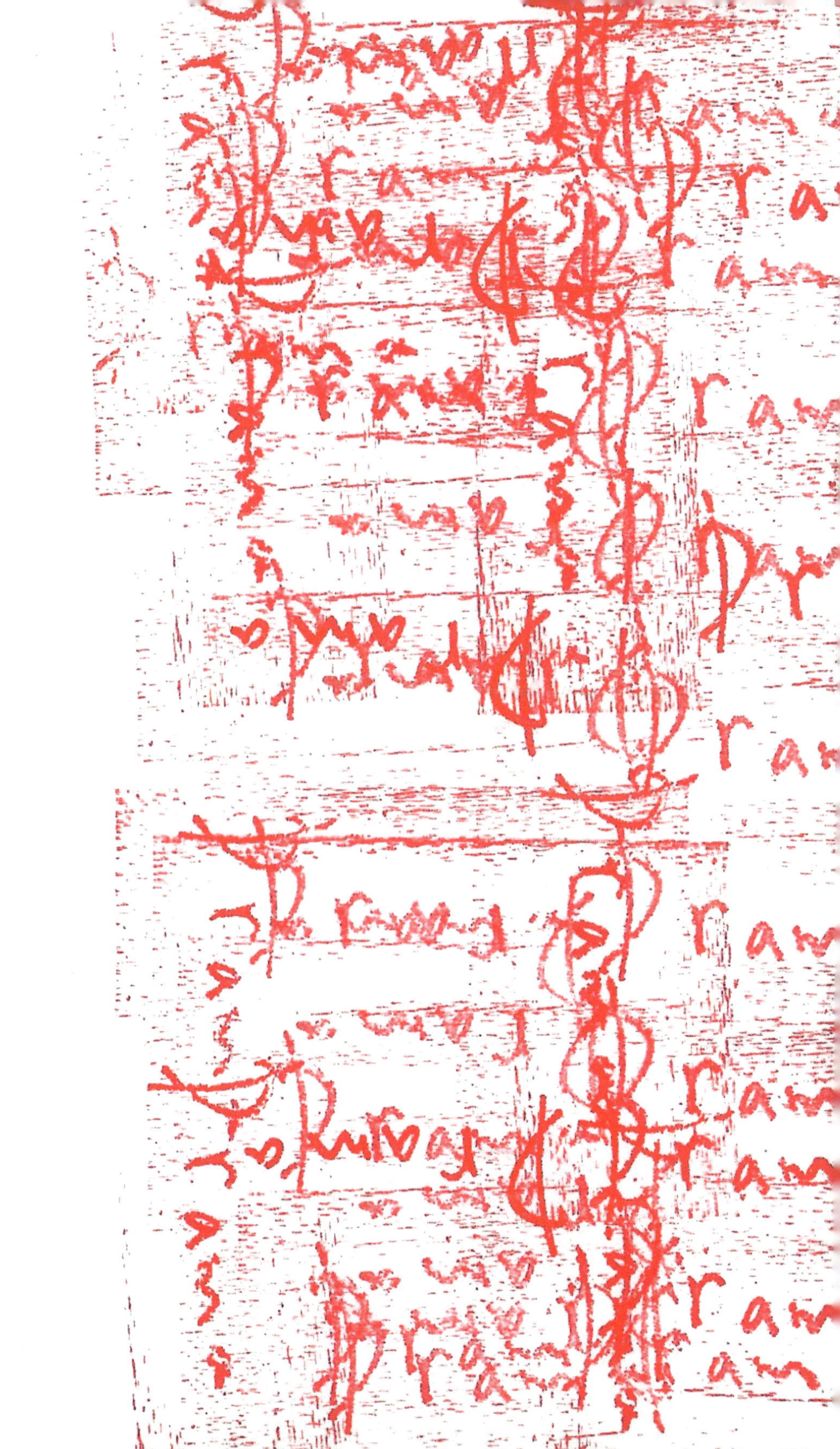

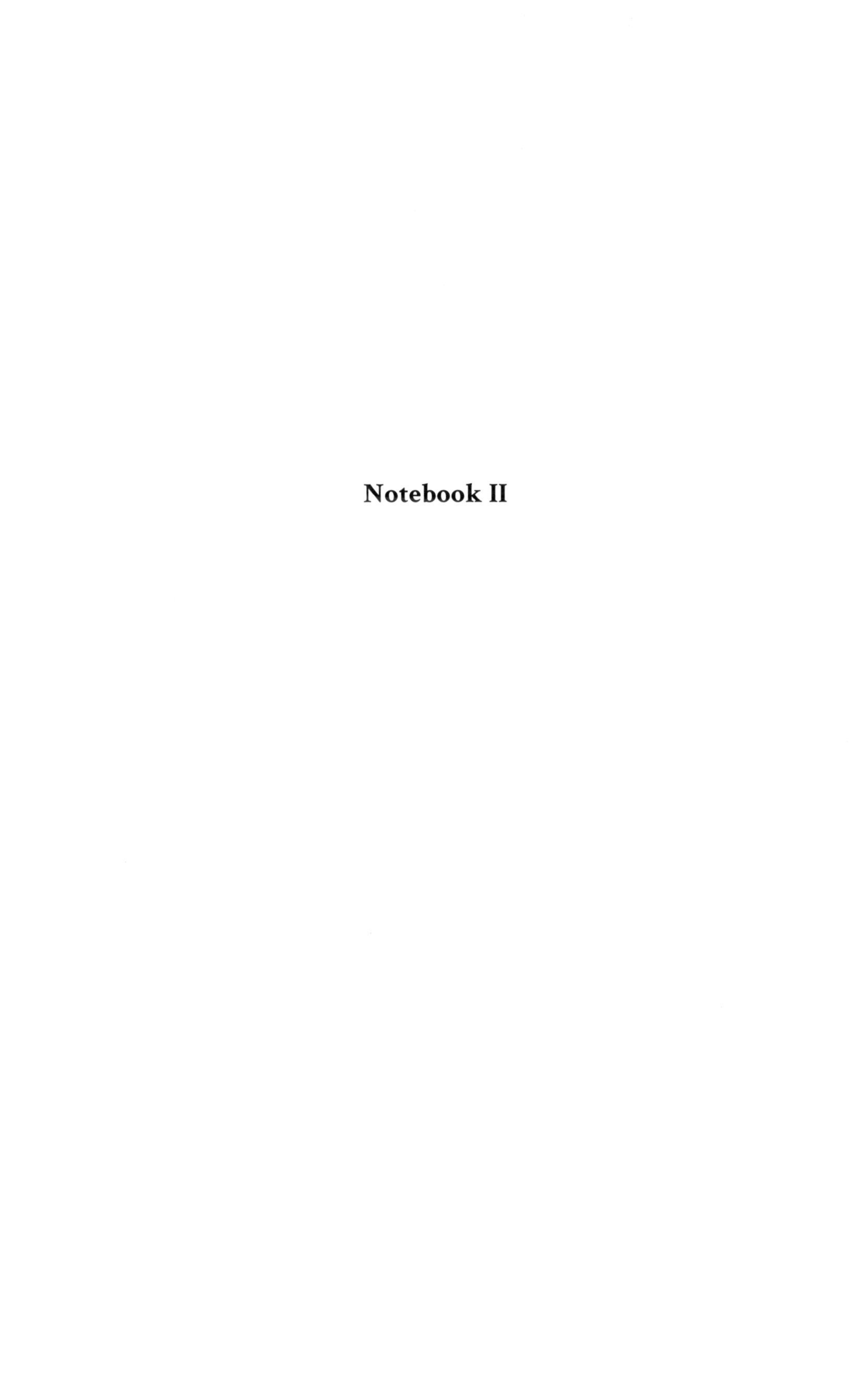

Notebook II

mondialité

mondialité

mondialité

mondialité

mondialité

mondialité

mondialité

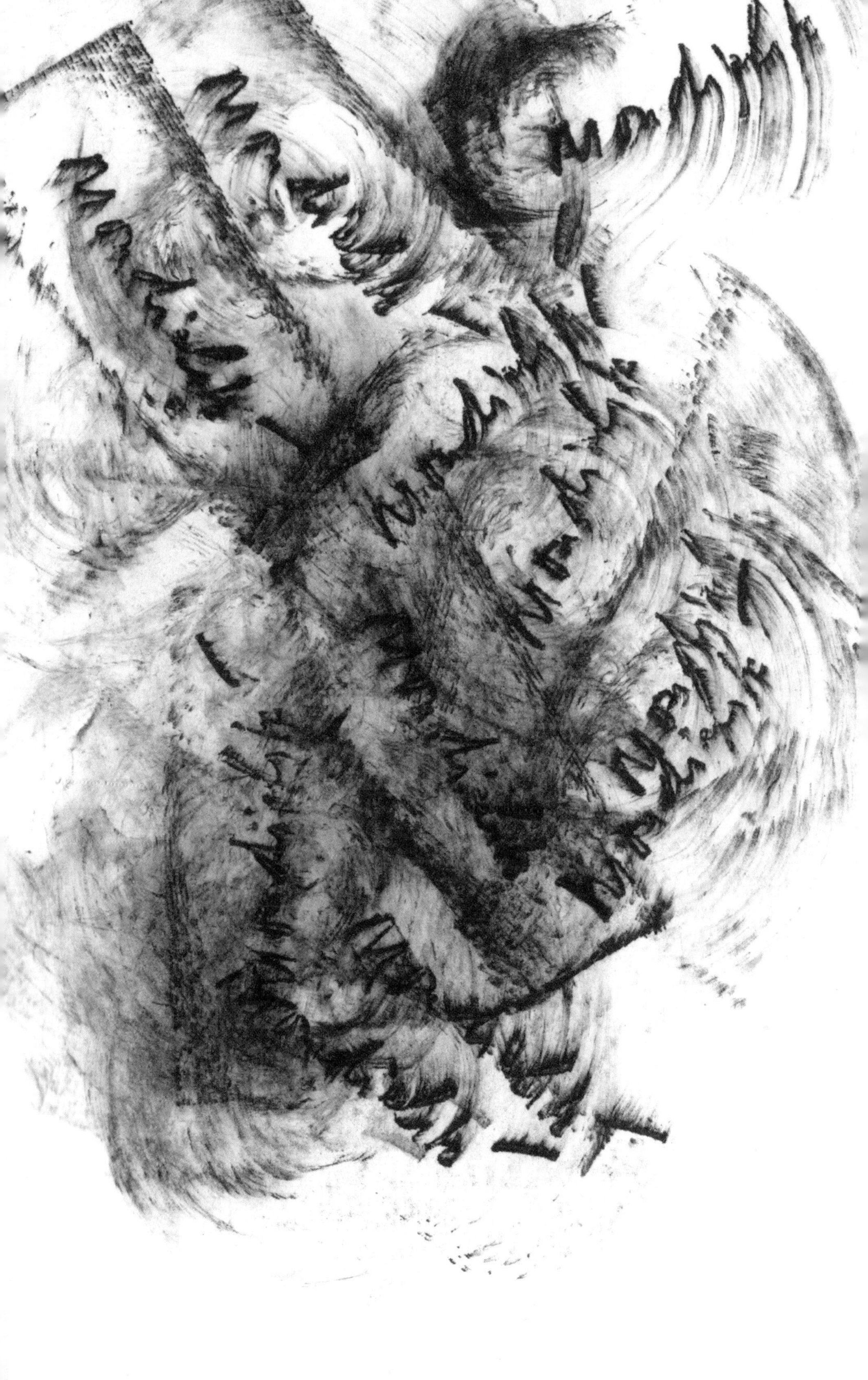

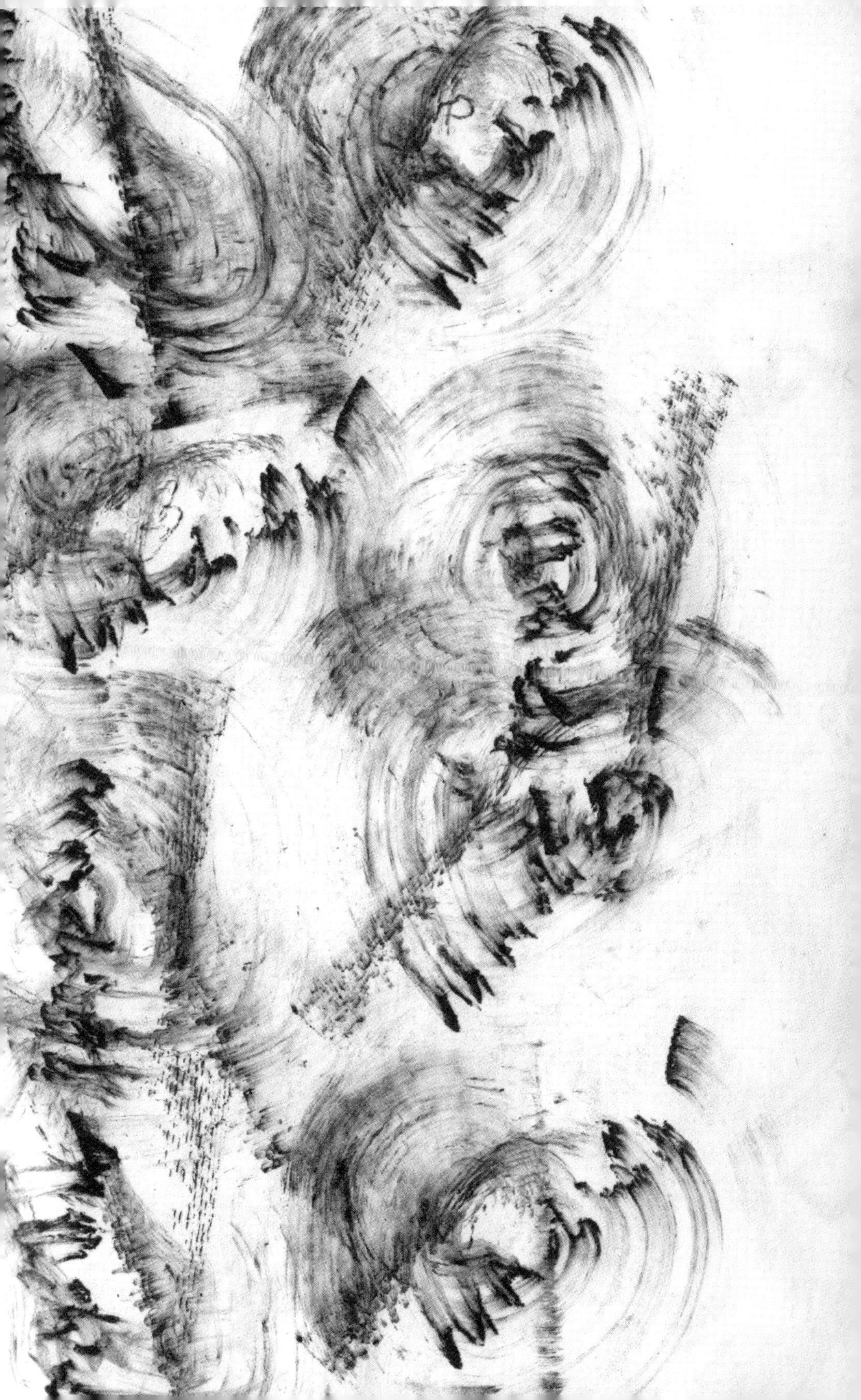

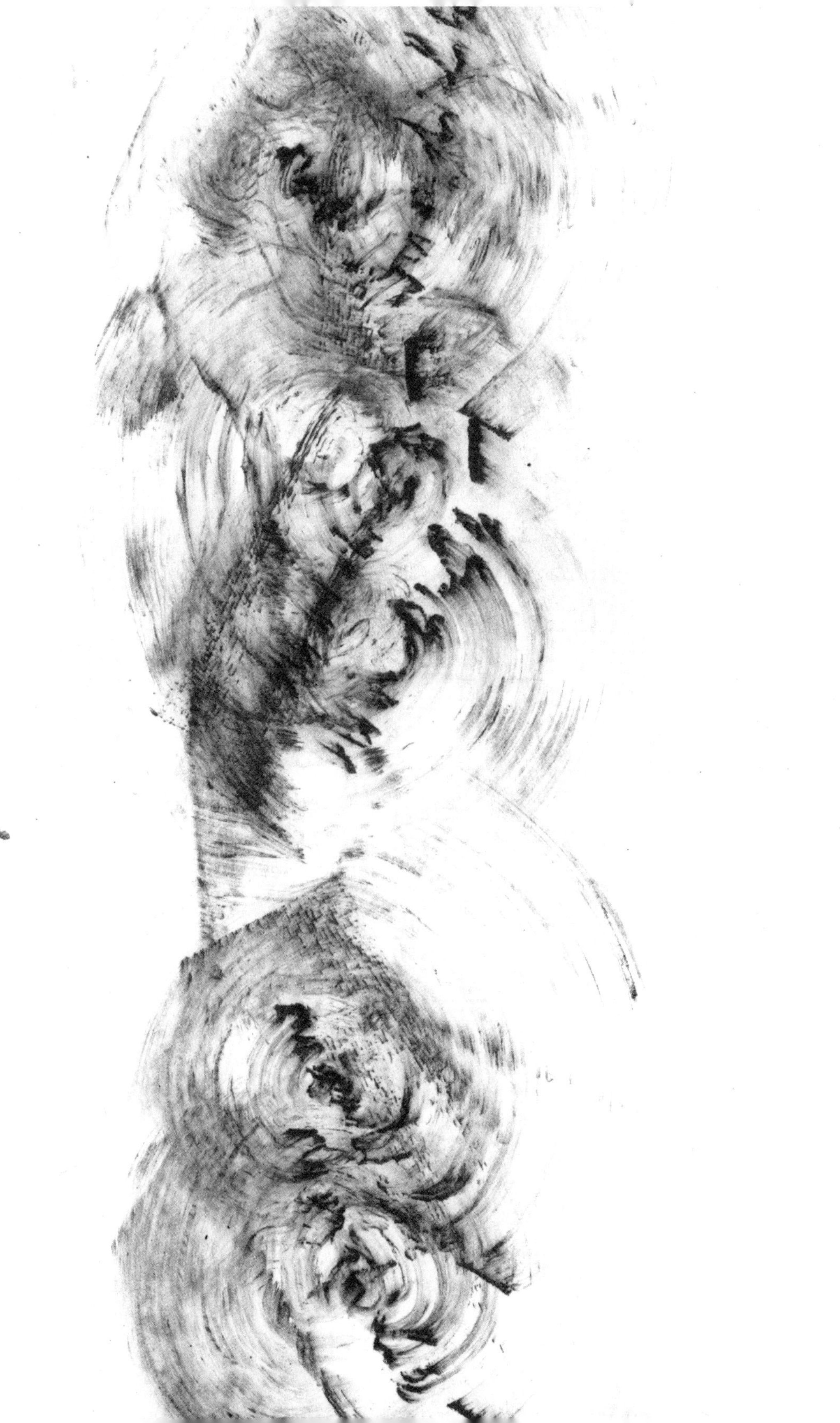

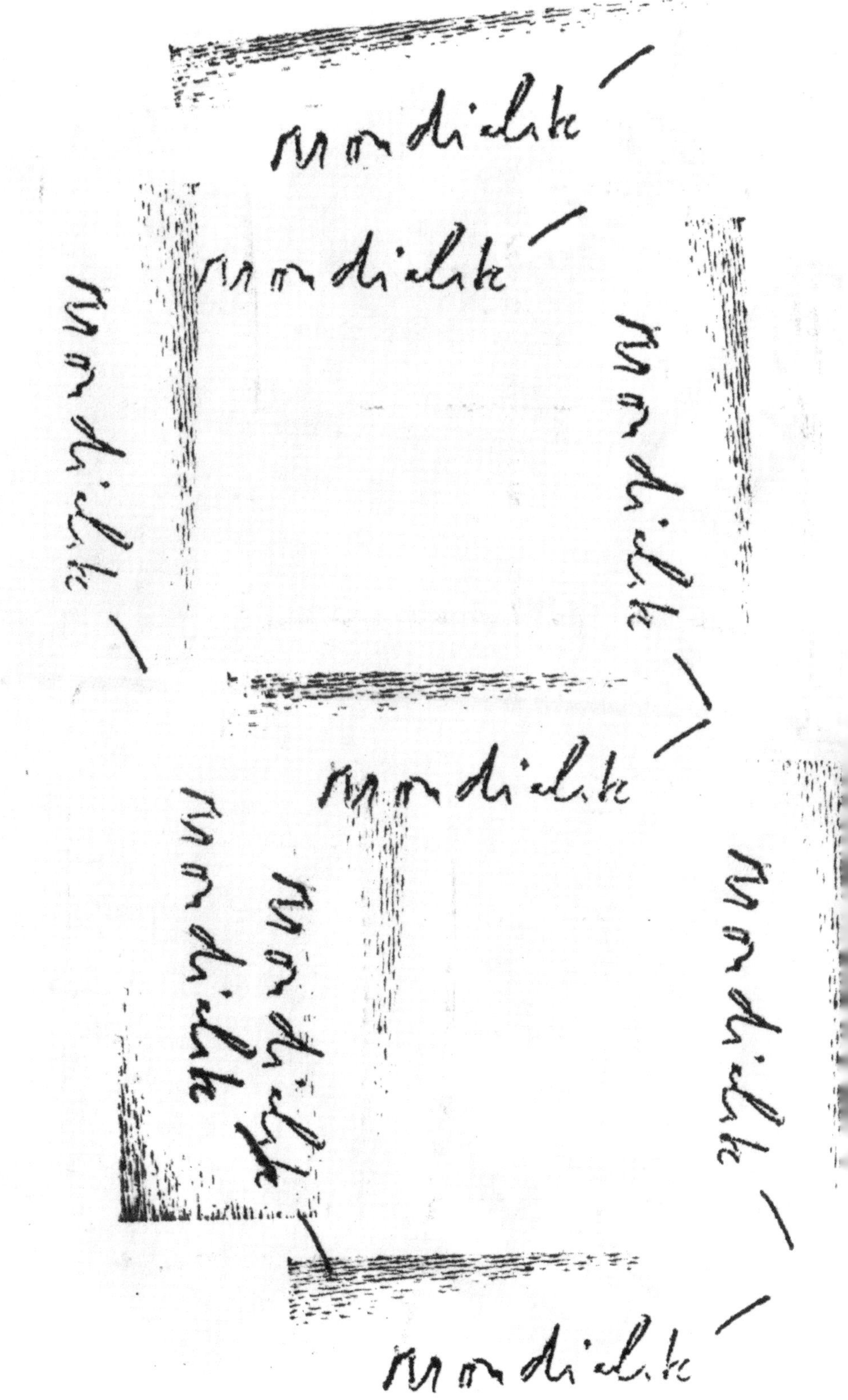

mondialité

mondialité

mondialité

mondialité

mondialité

mondialité

mondialité

mondialité

mondialité

mondialité
mondialité
mondialité
mondialité

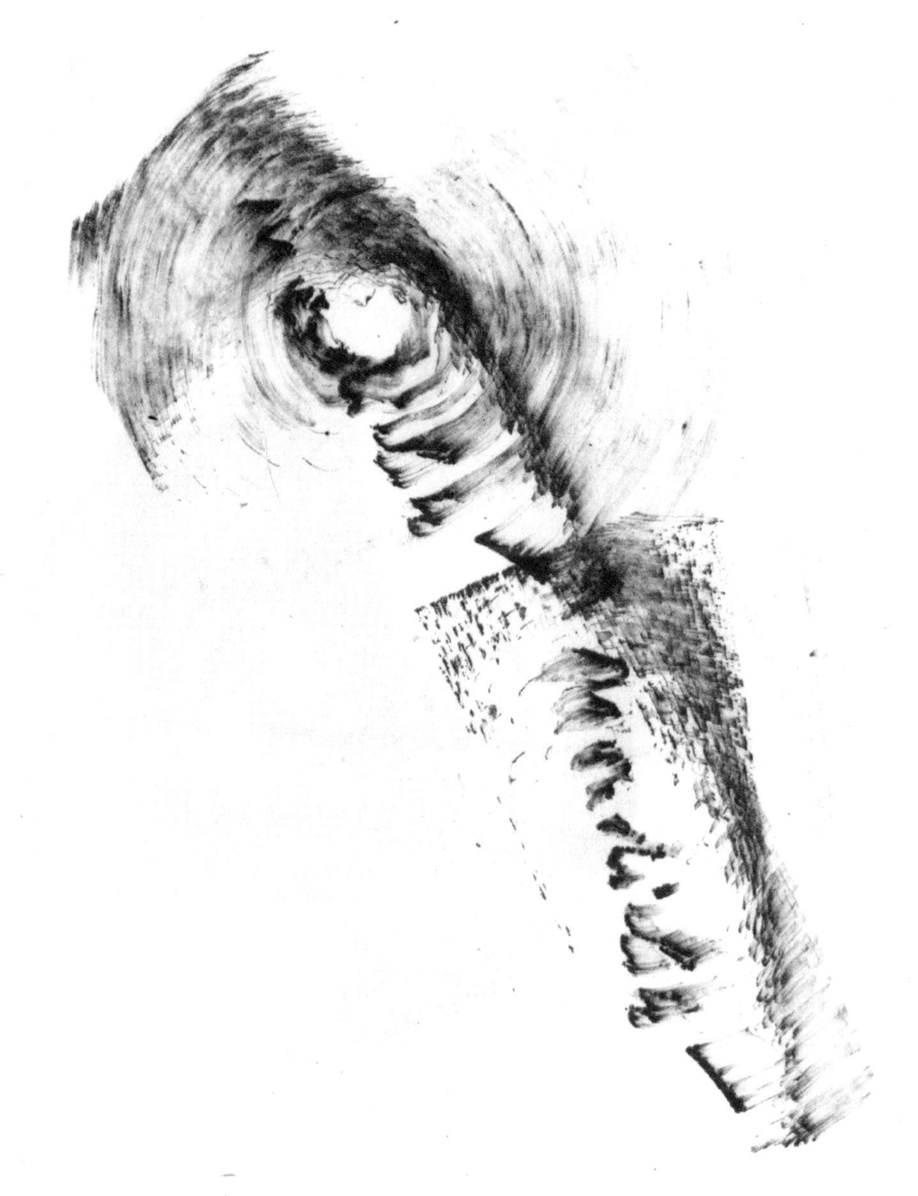

Drama

Drama

Drama

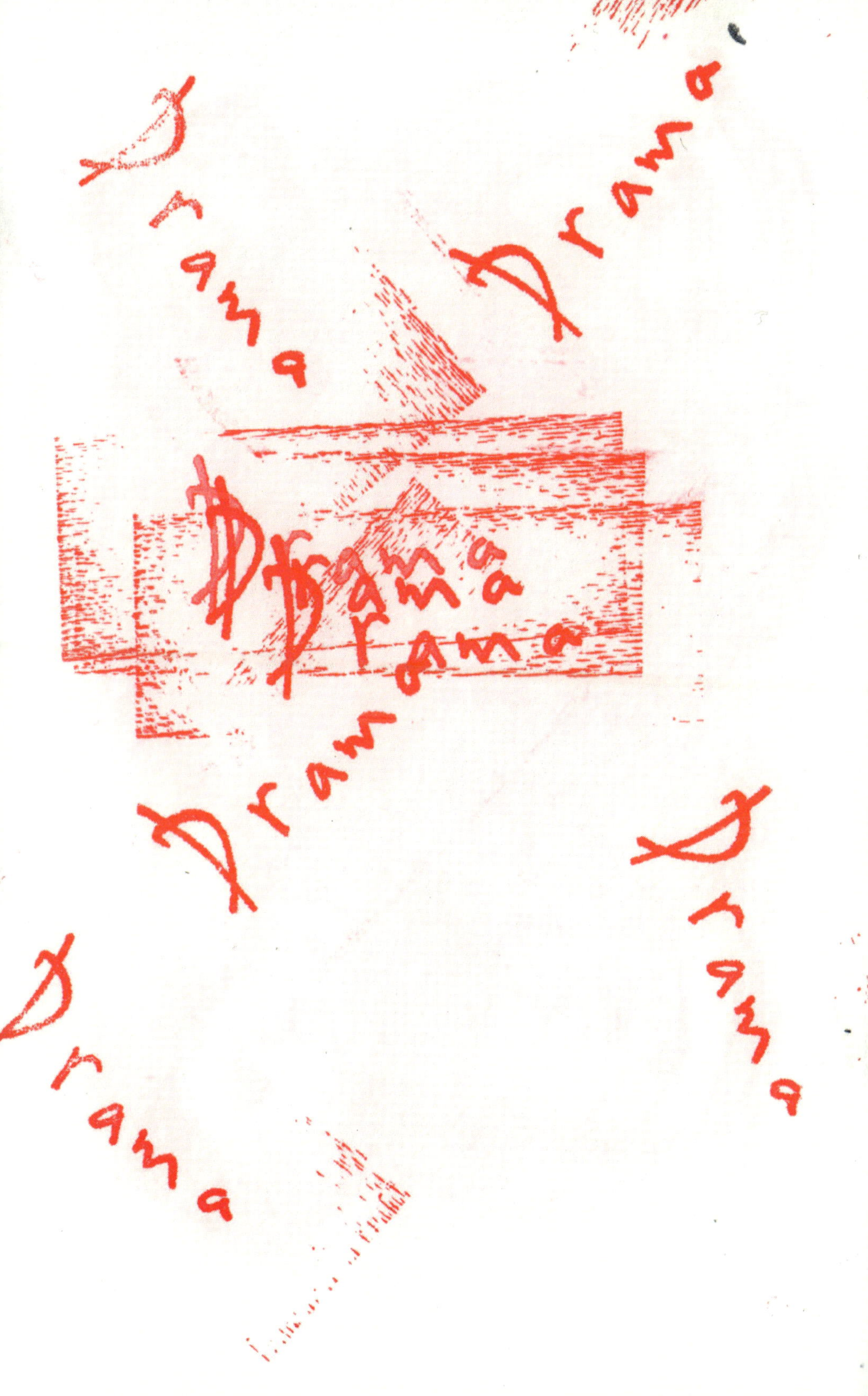
Drama
Drama
Drama
Drama
Drama

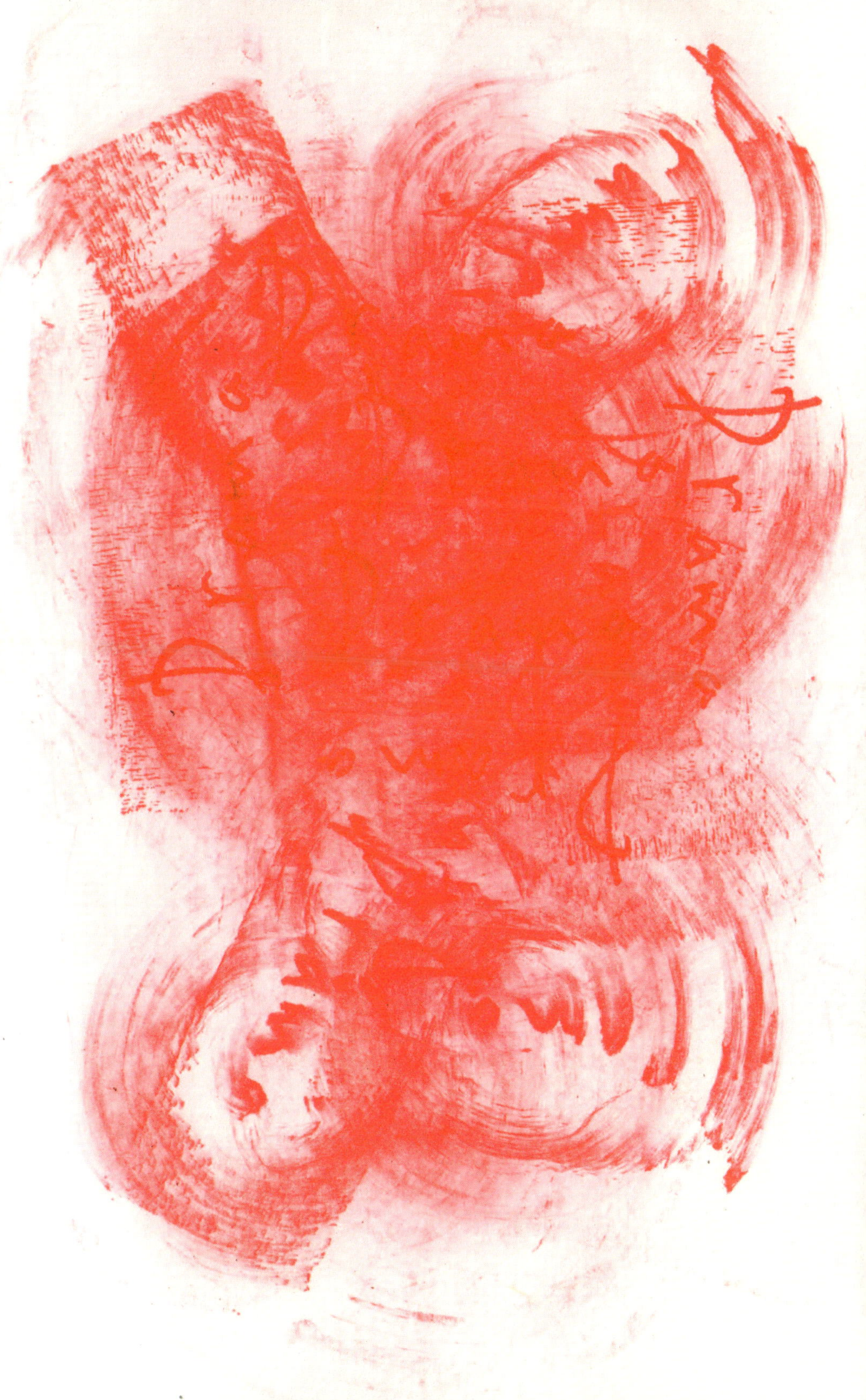

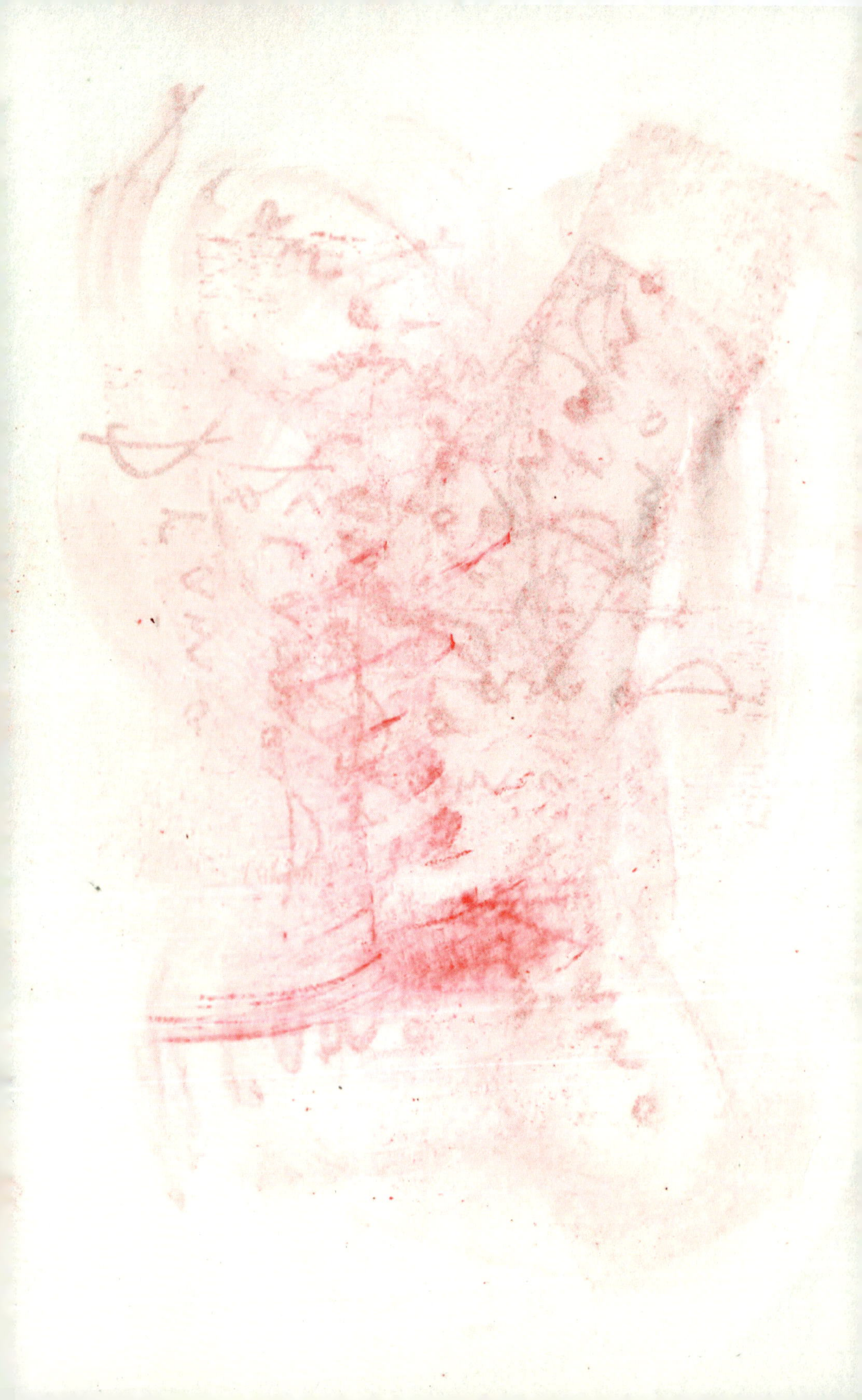

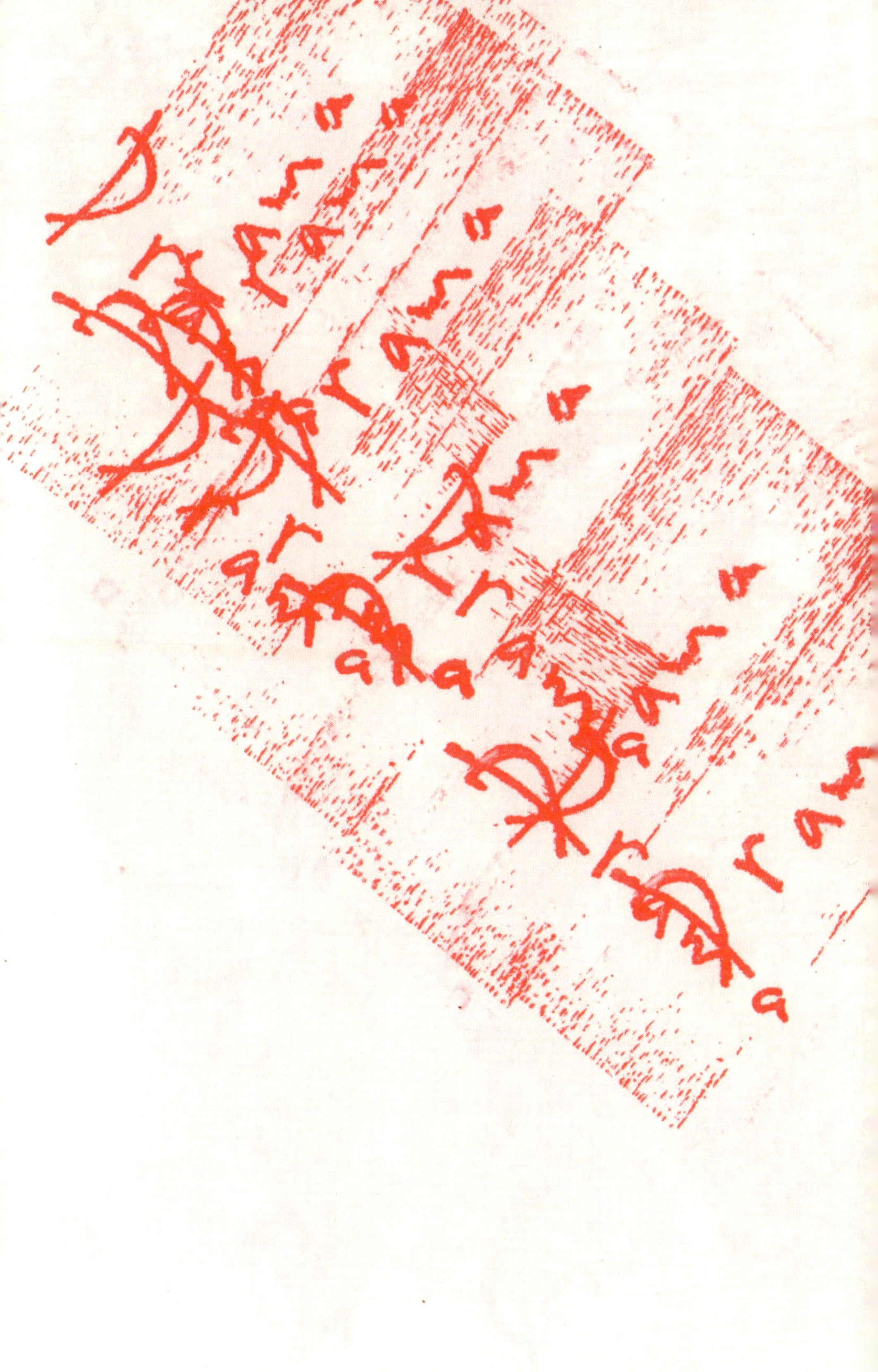

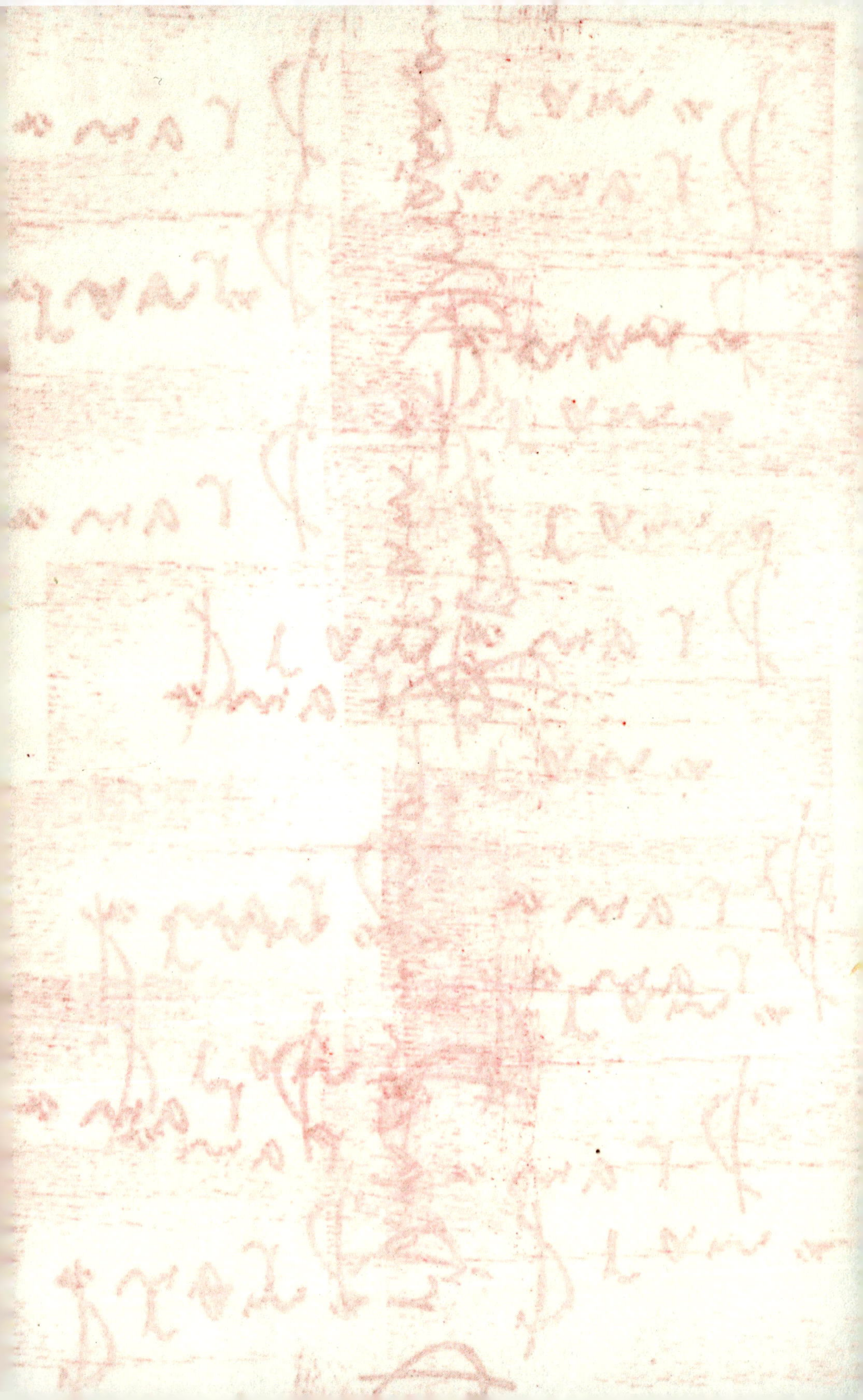

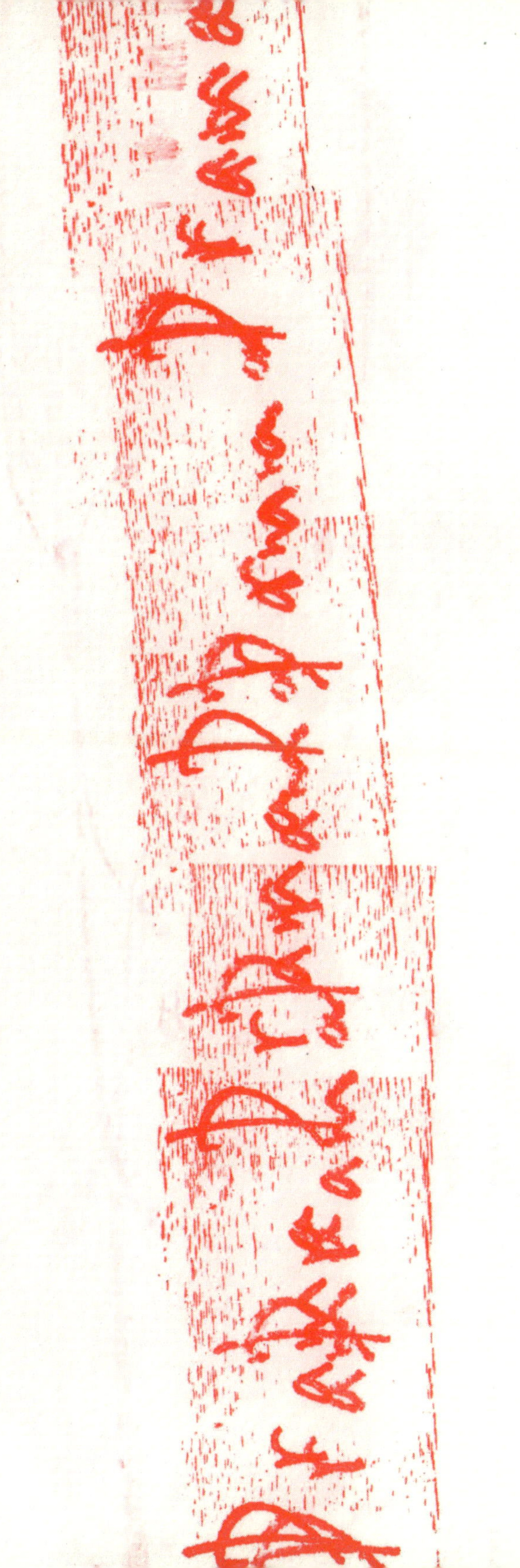

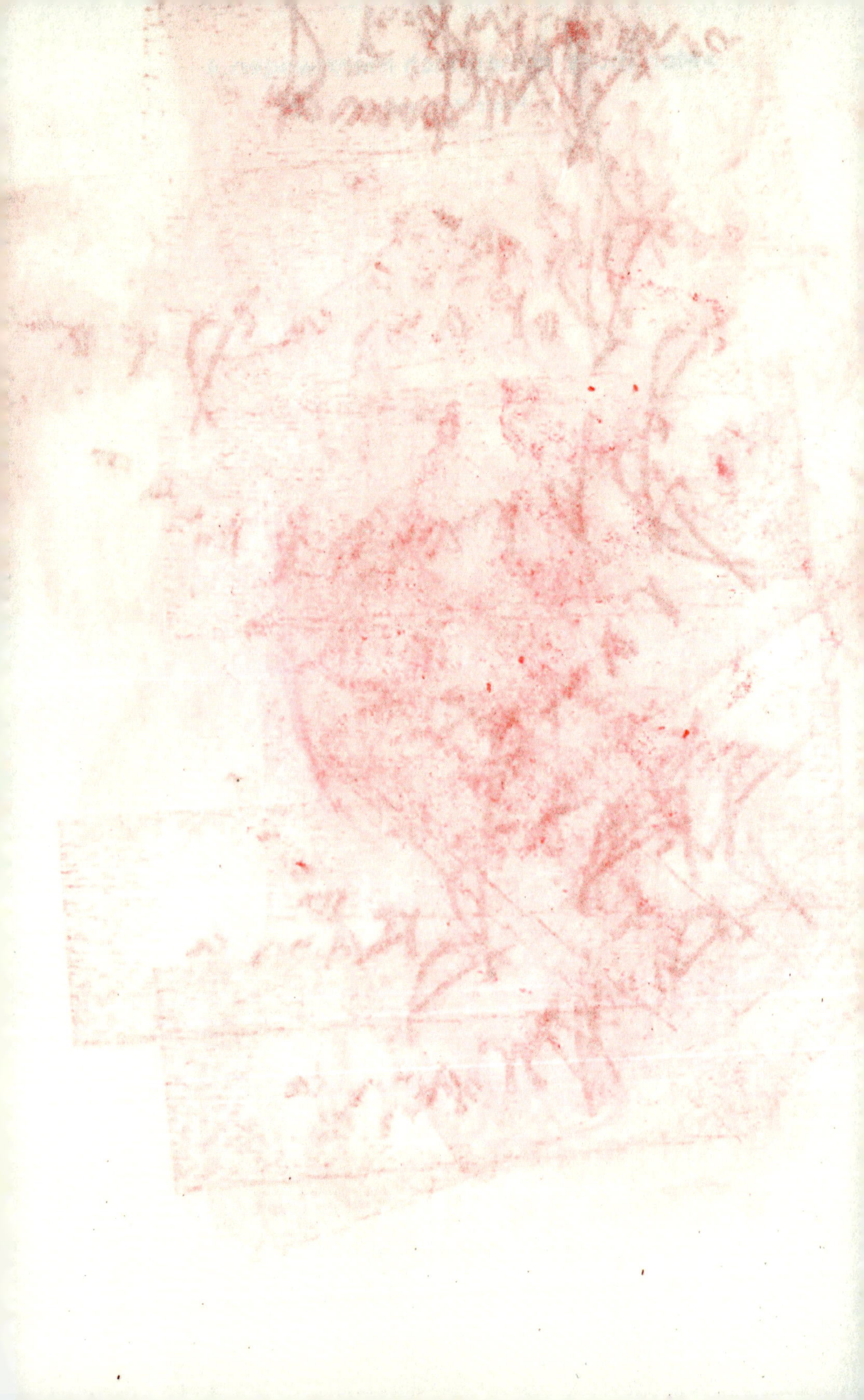

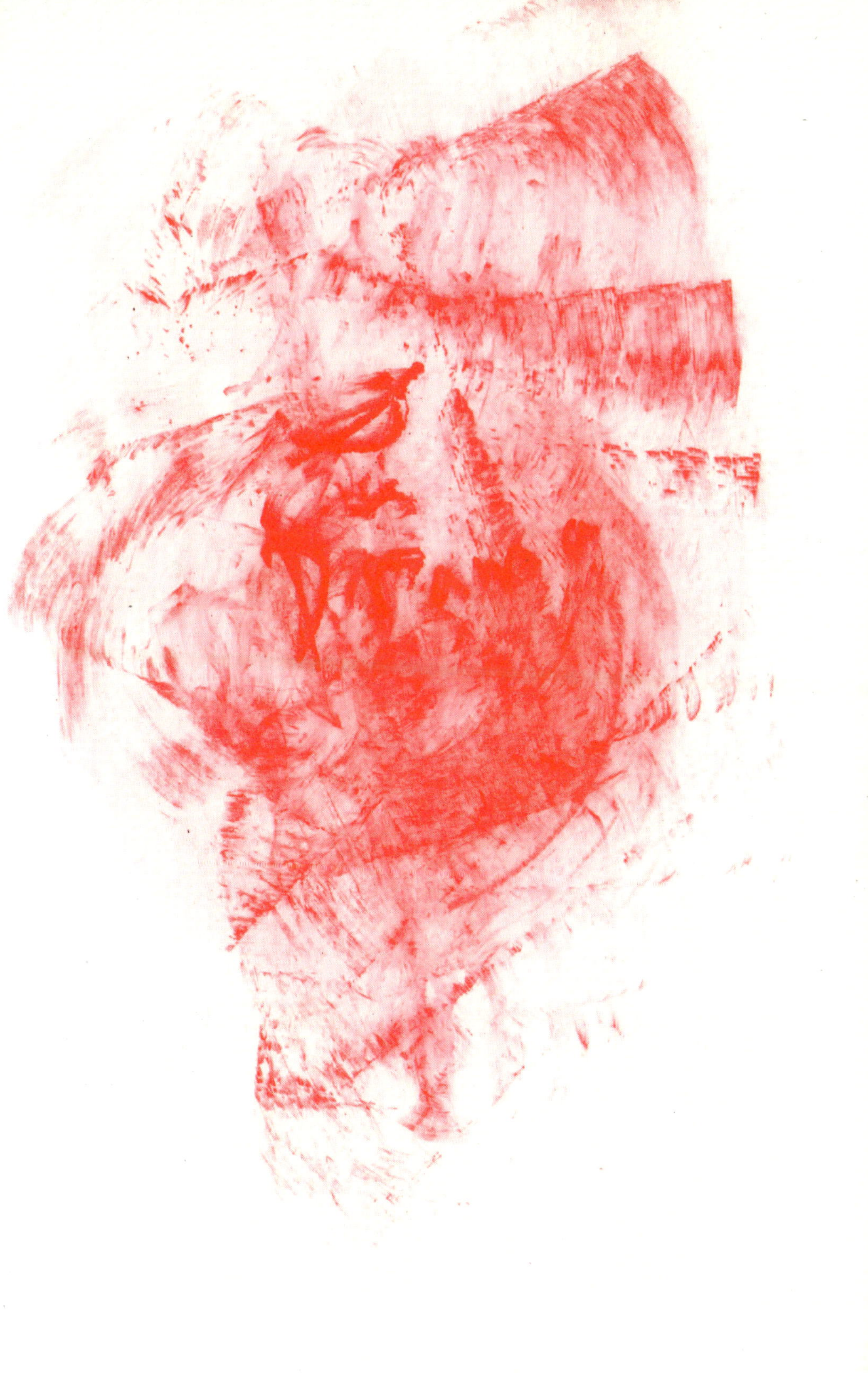

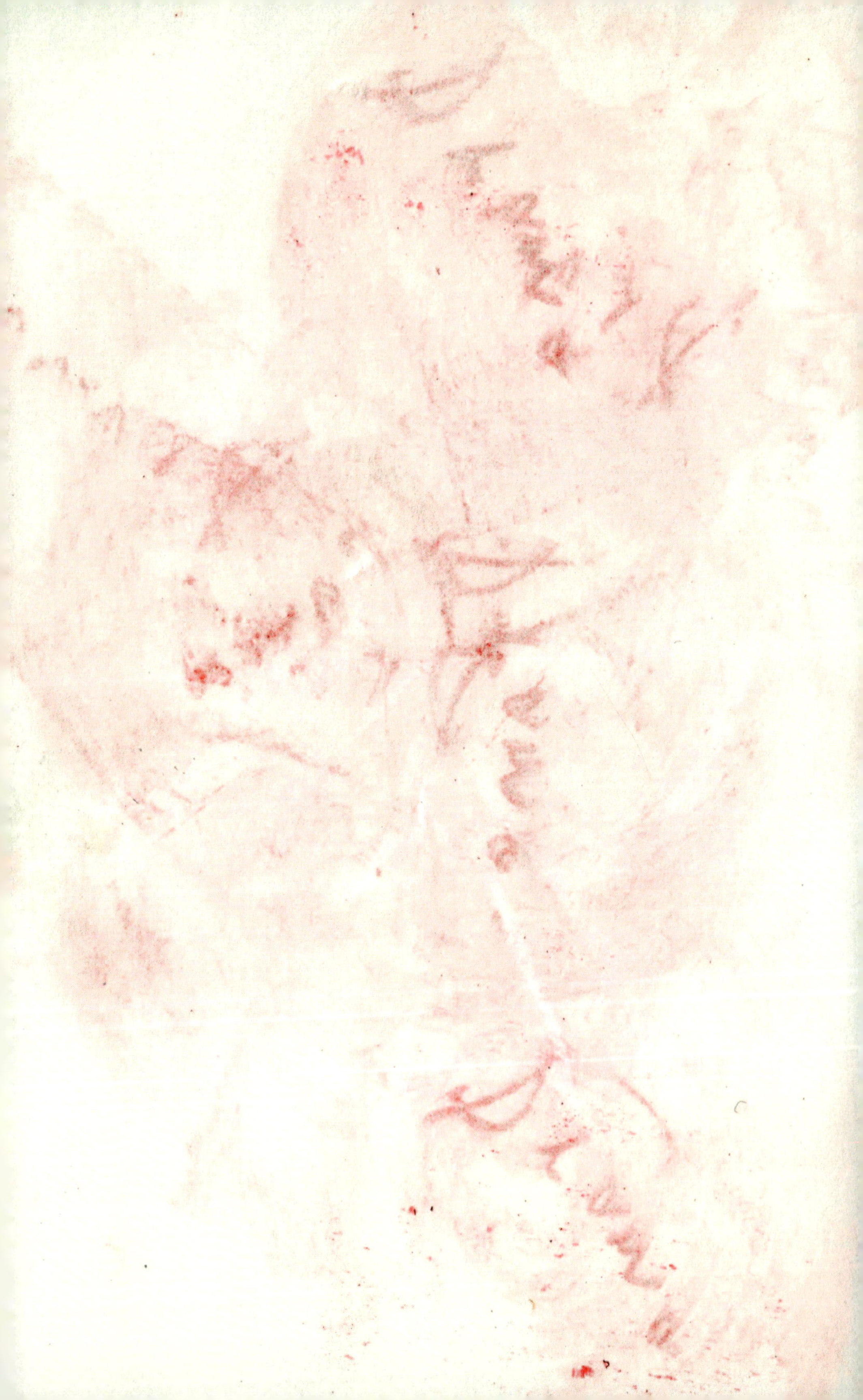

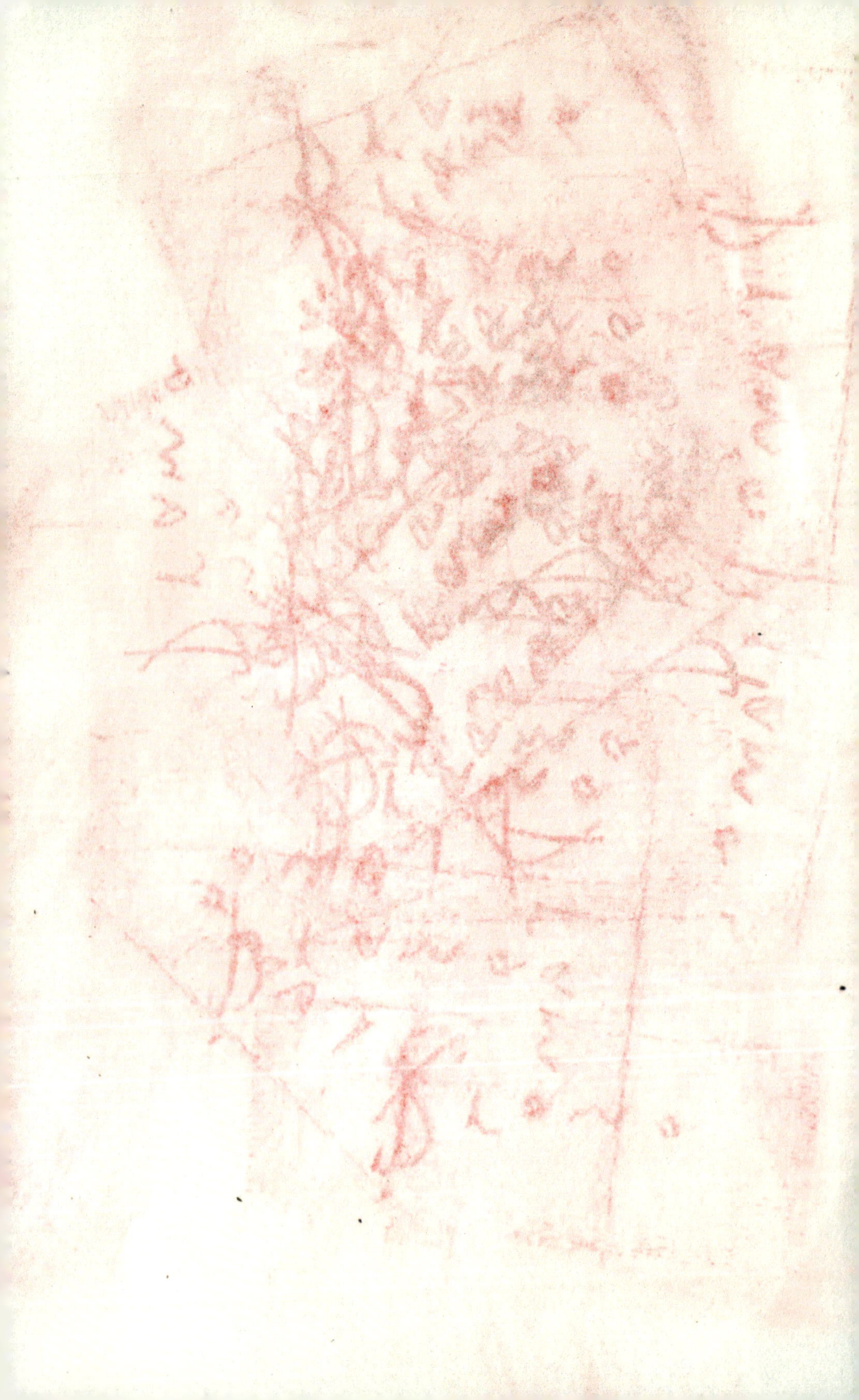

[illegible]

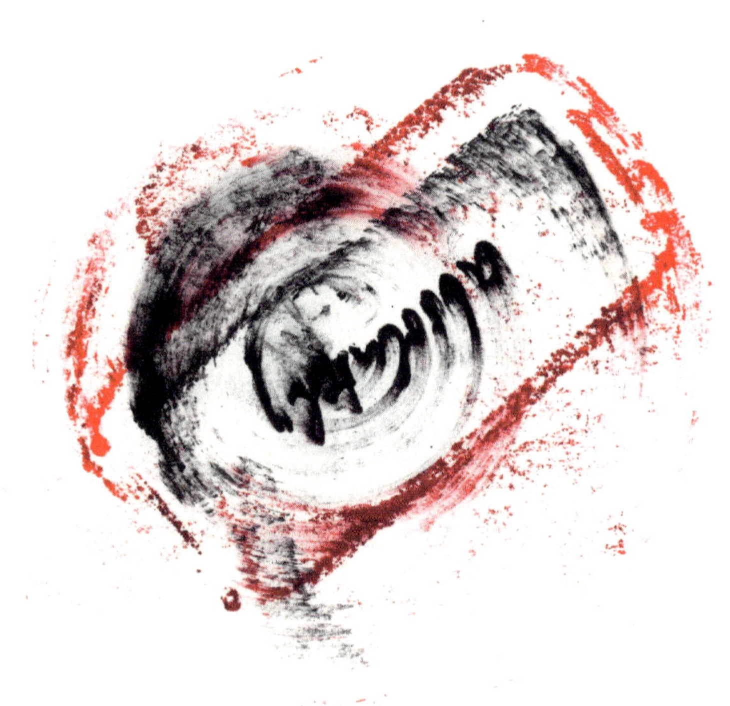

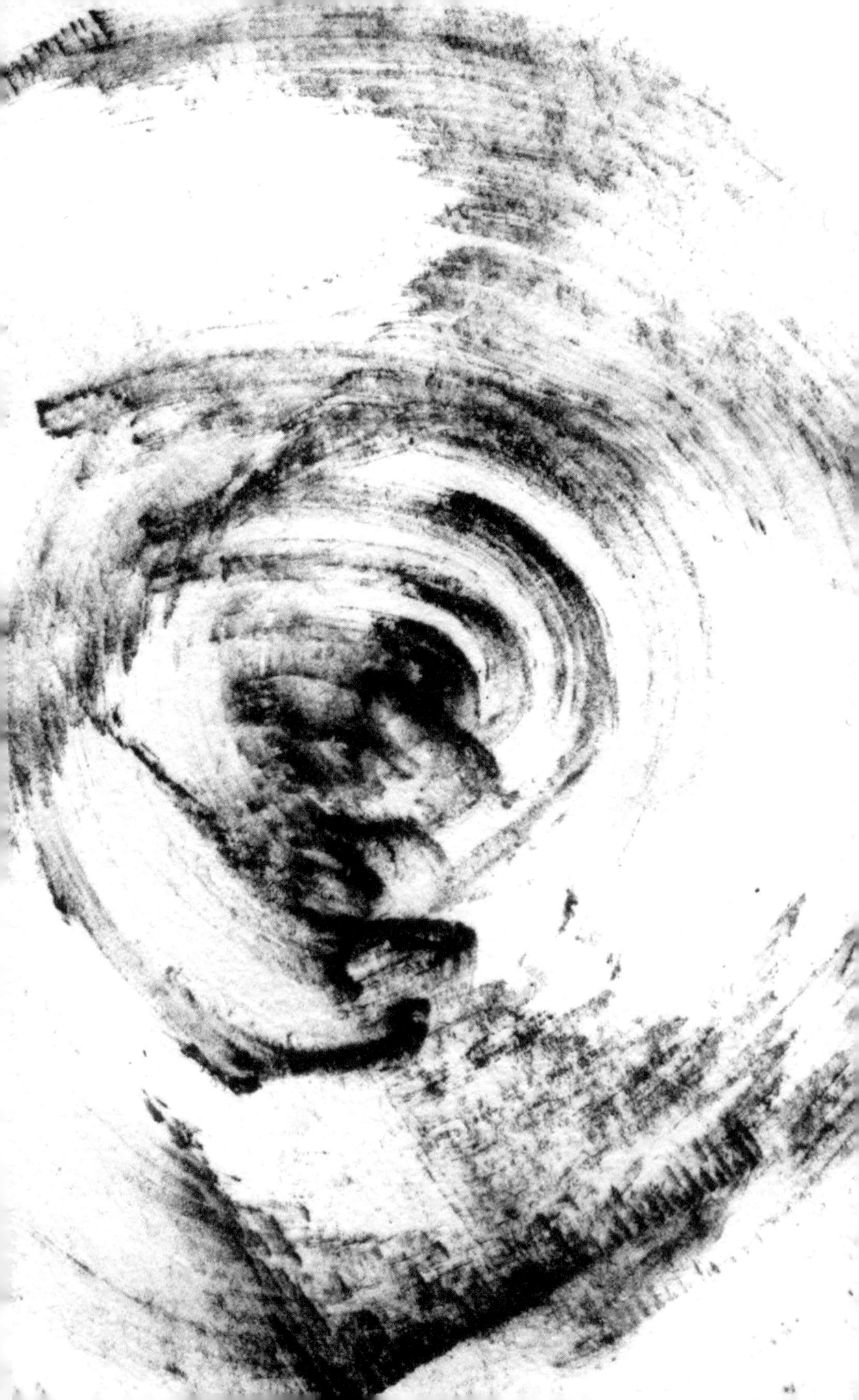

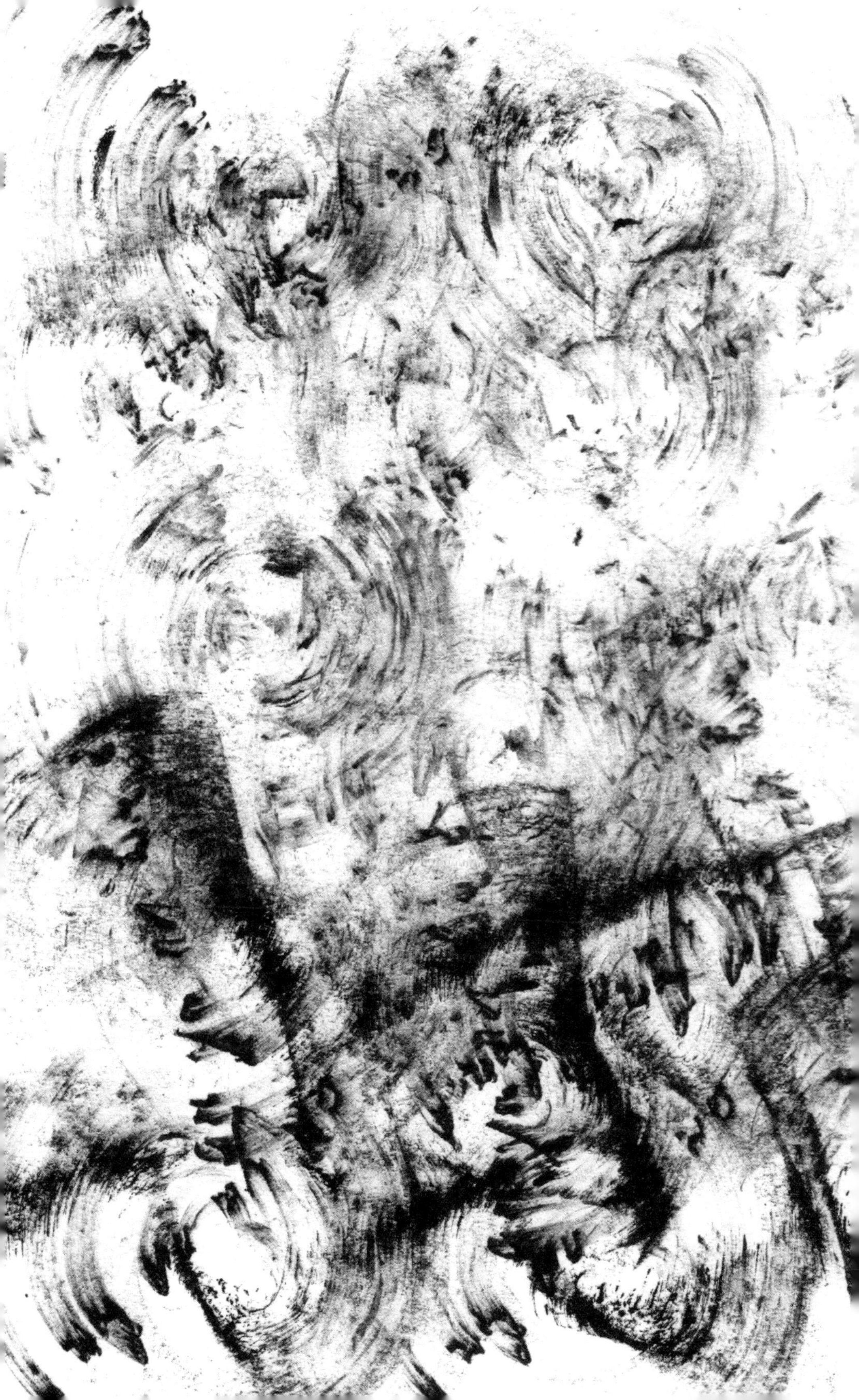

absolutely

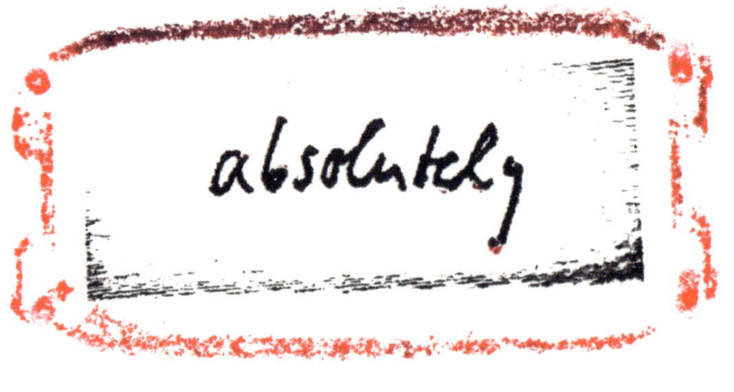

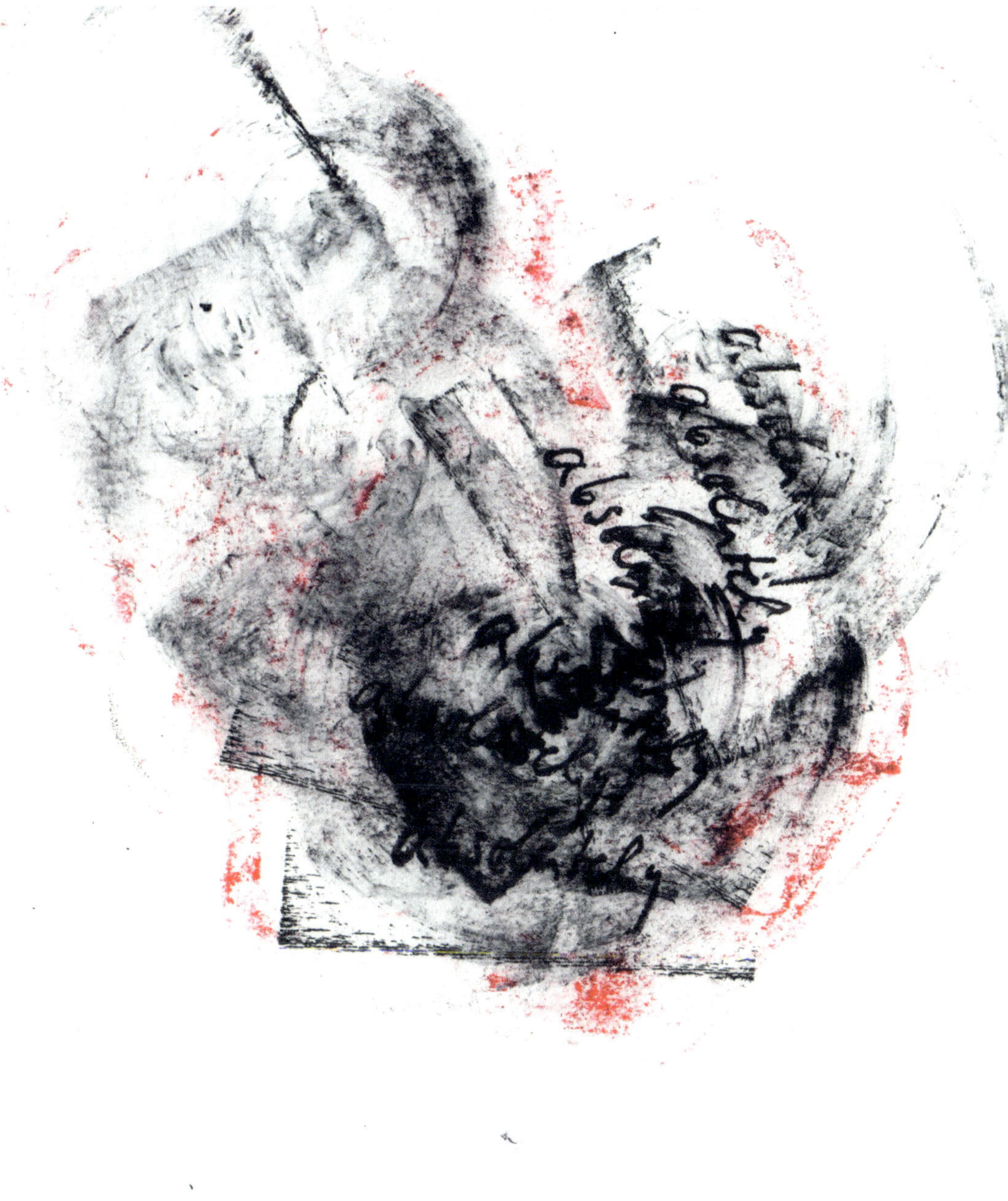
absolutely

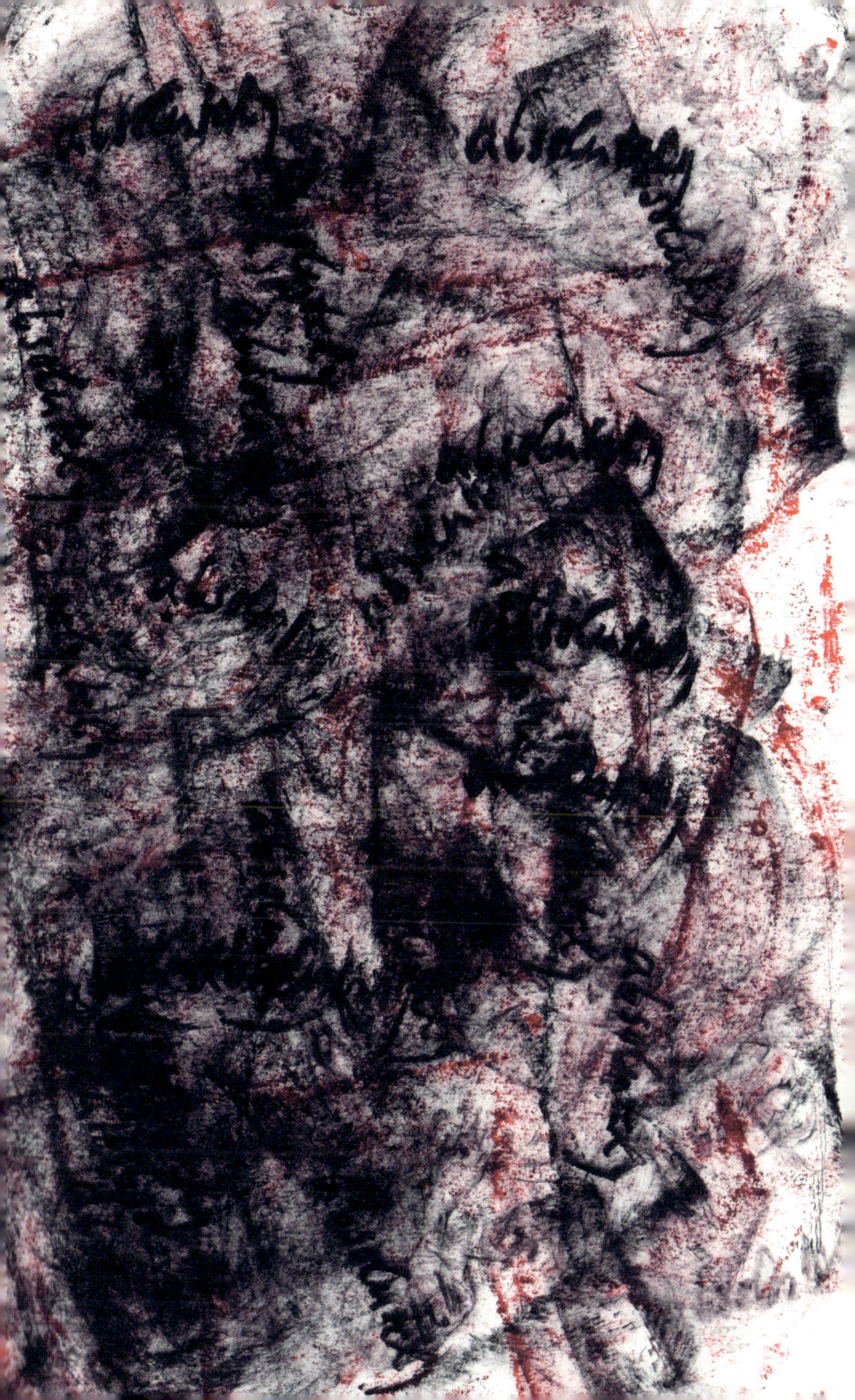

[illegible]lutely

absolutely
absolutely

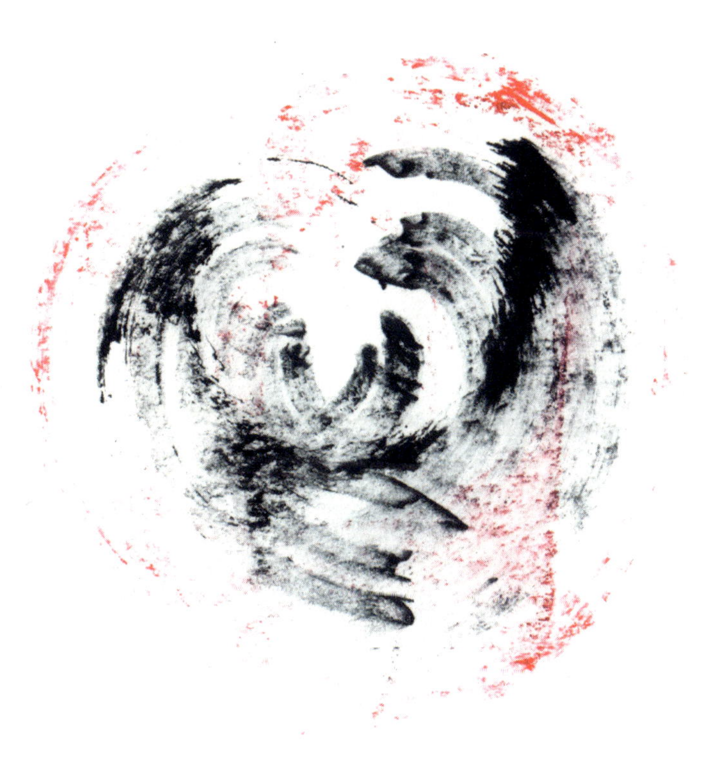

are you not here?

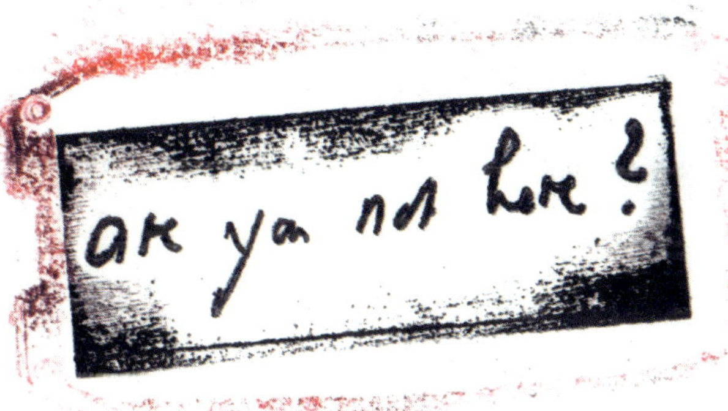
are you not here ?

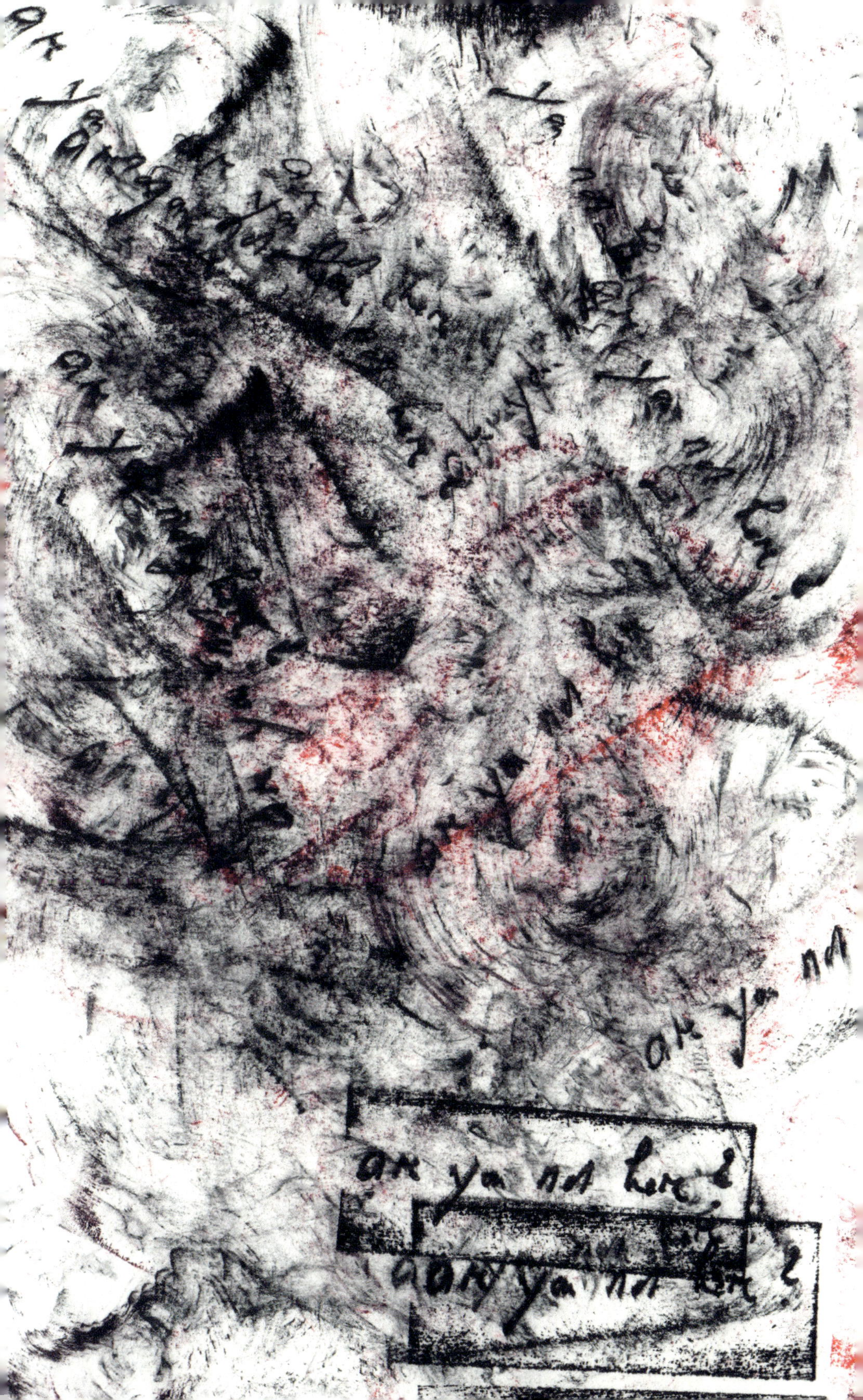
are you not here ?
are you not here ?

you not there ¿
you not here

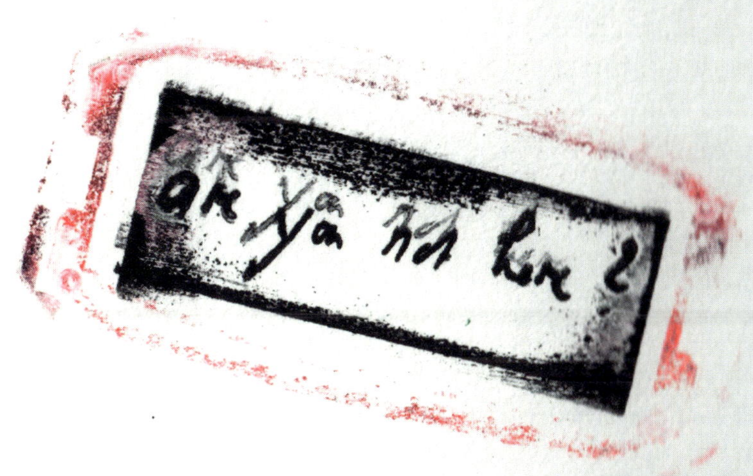

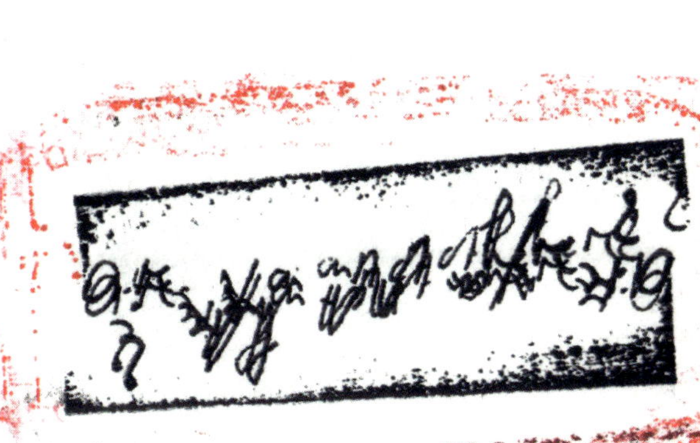

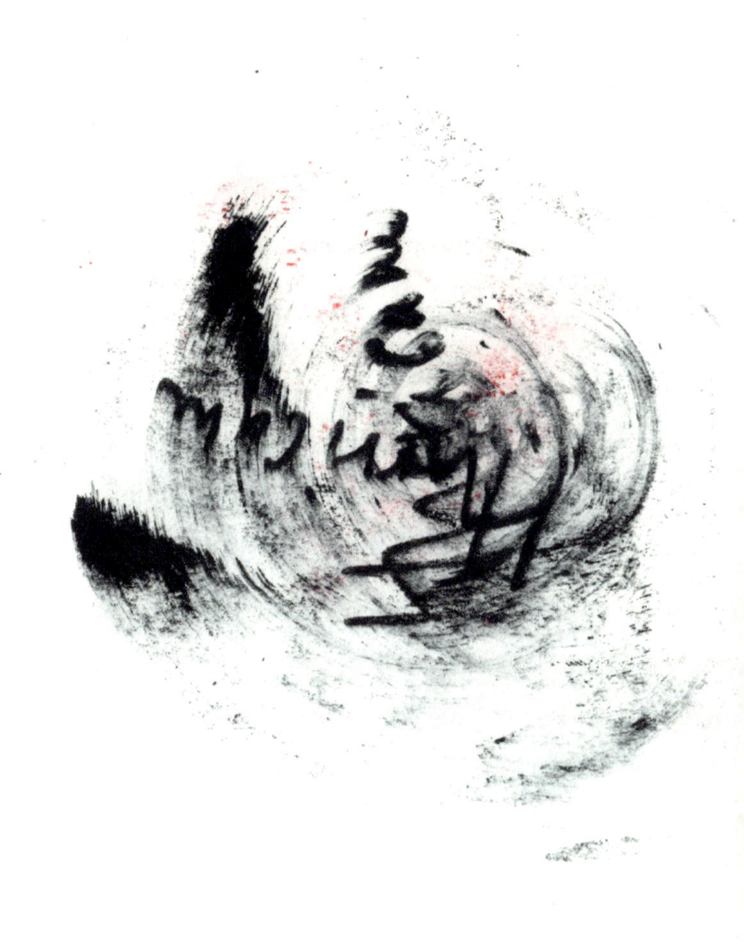

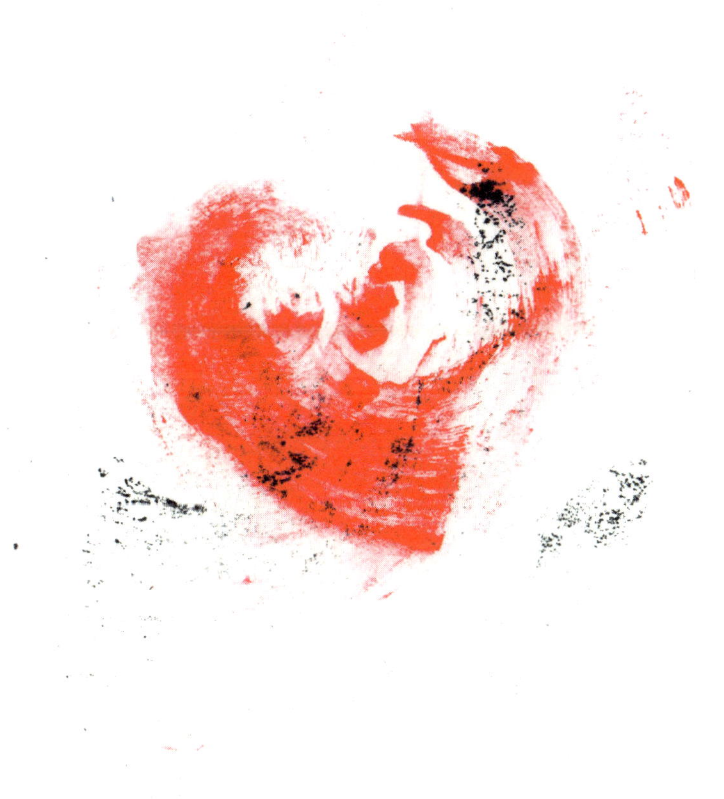

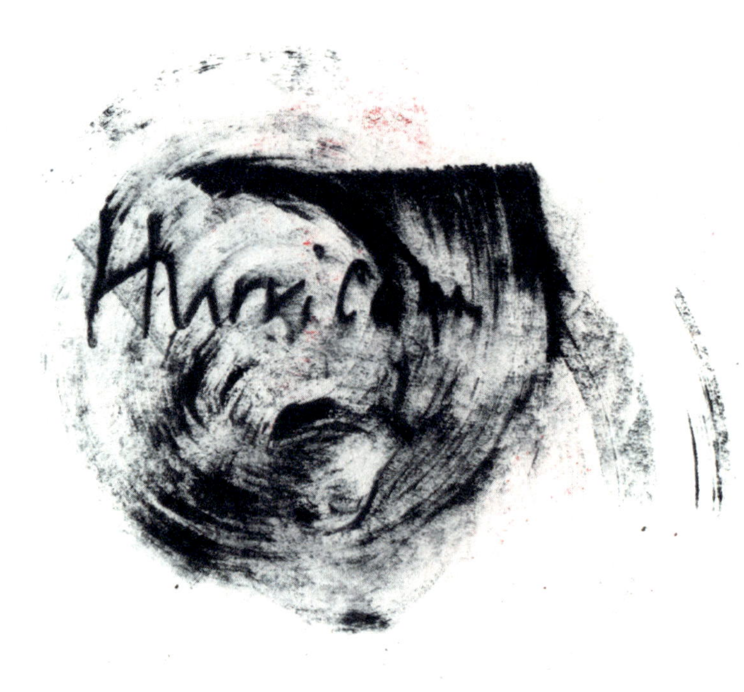

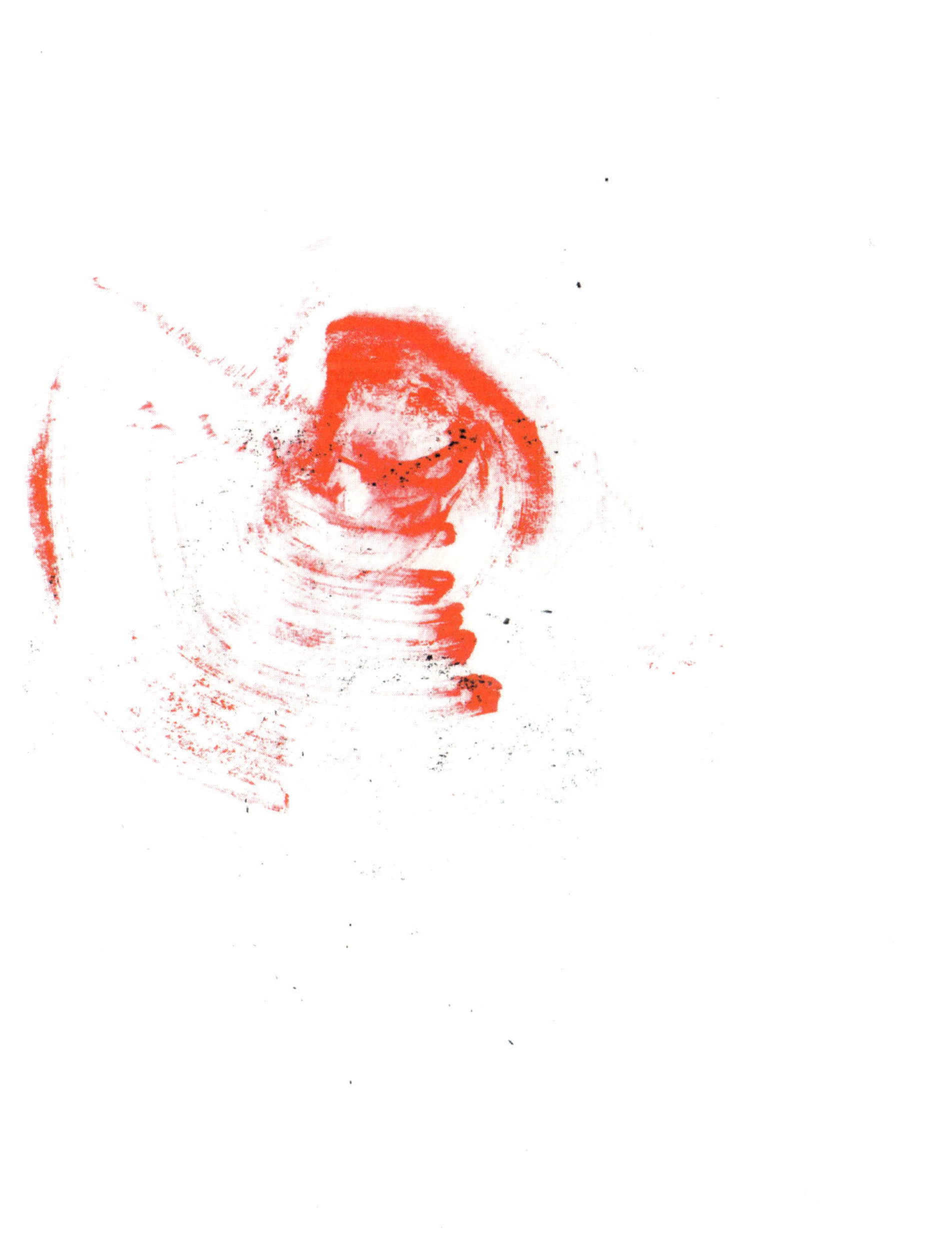

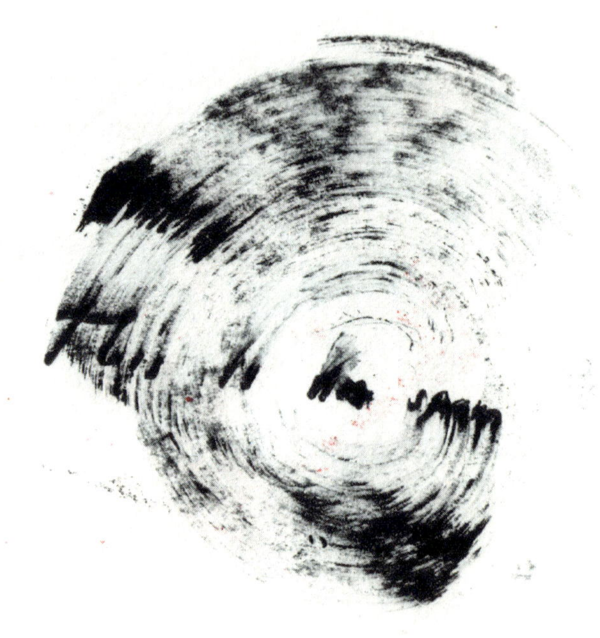

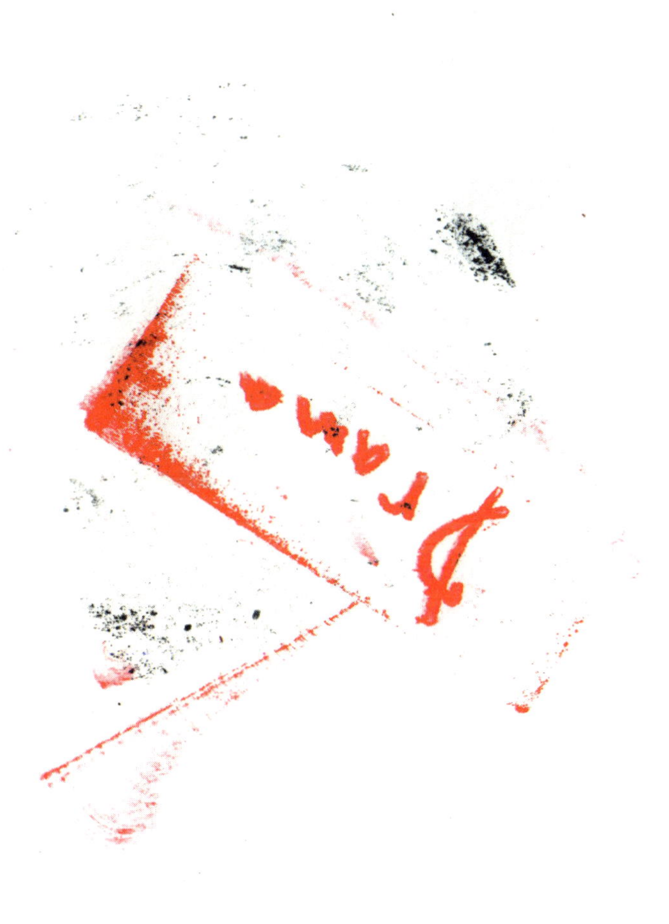

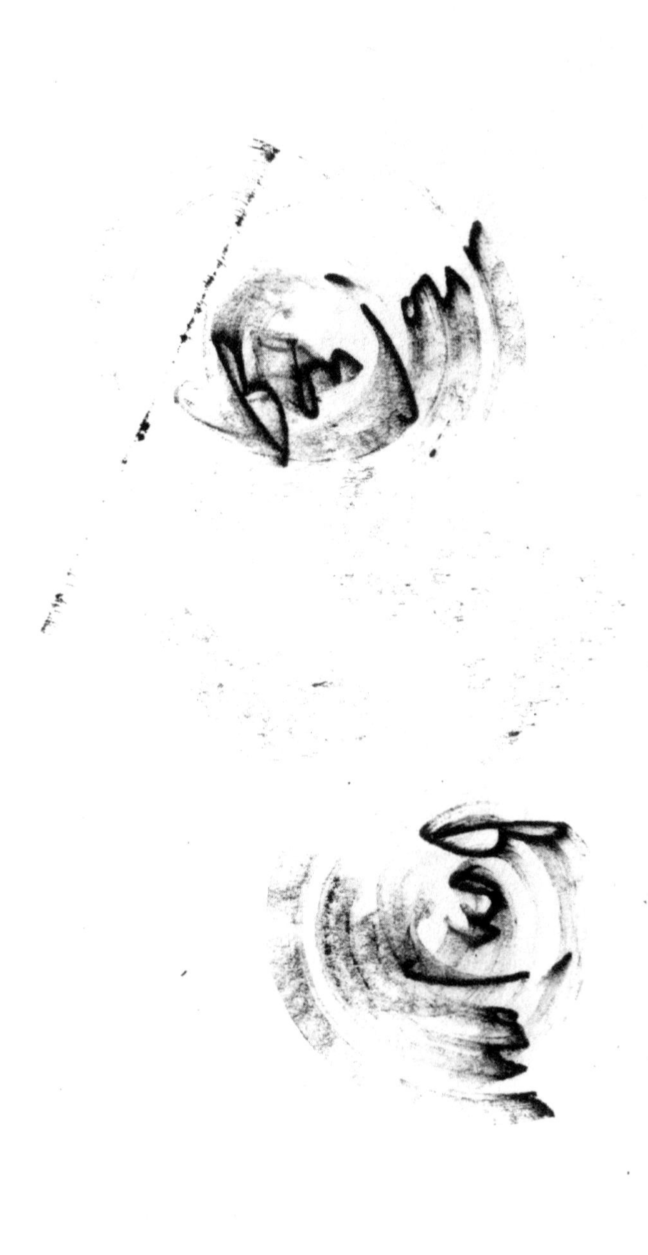

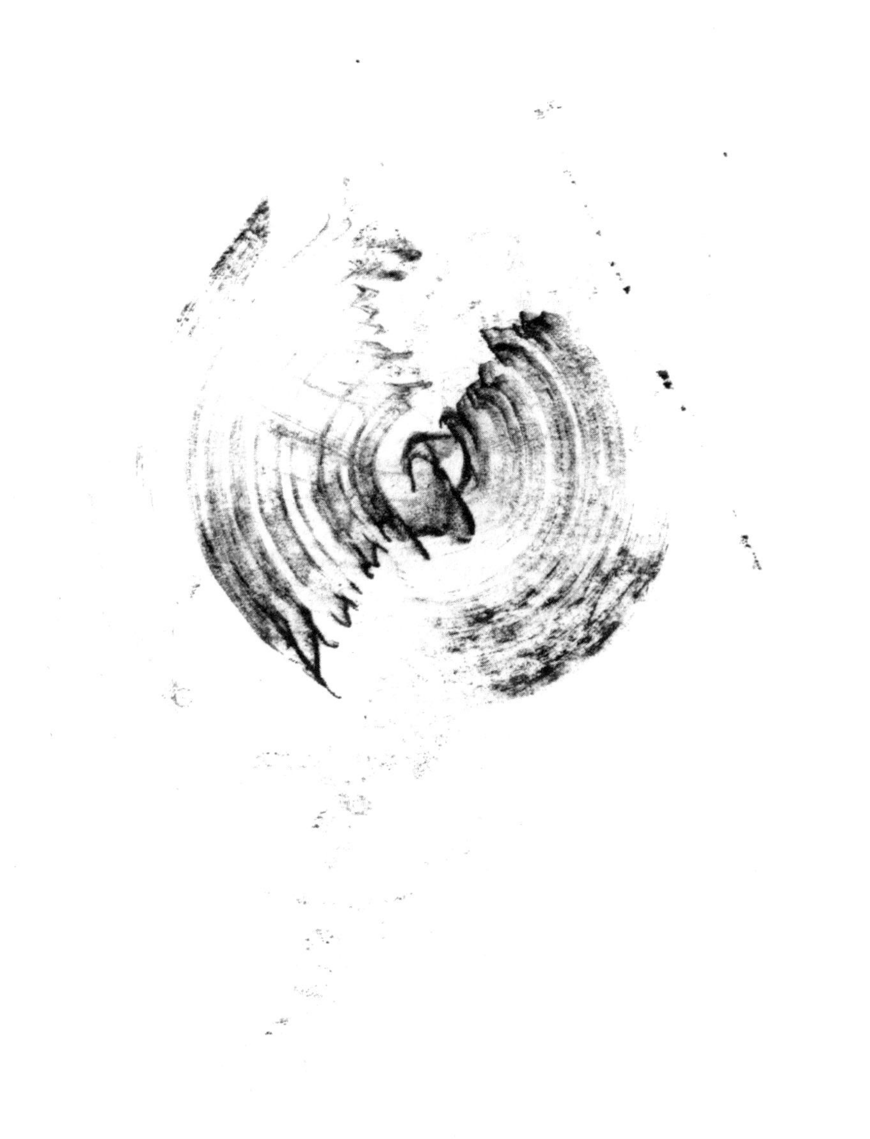

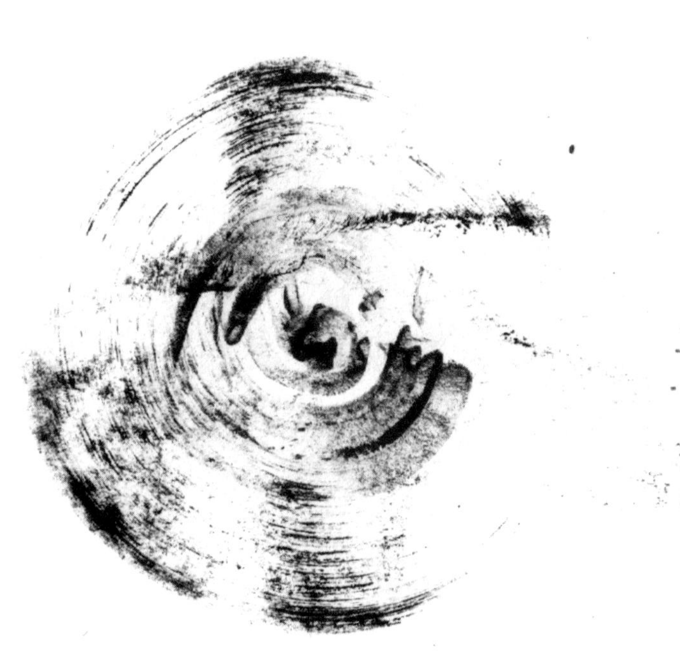

fluidity of practice

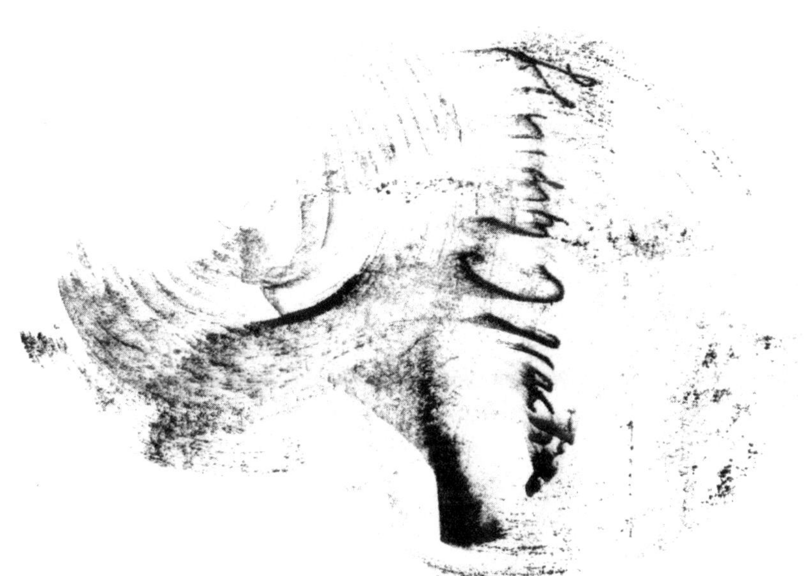

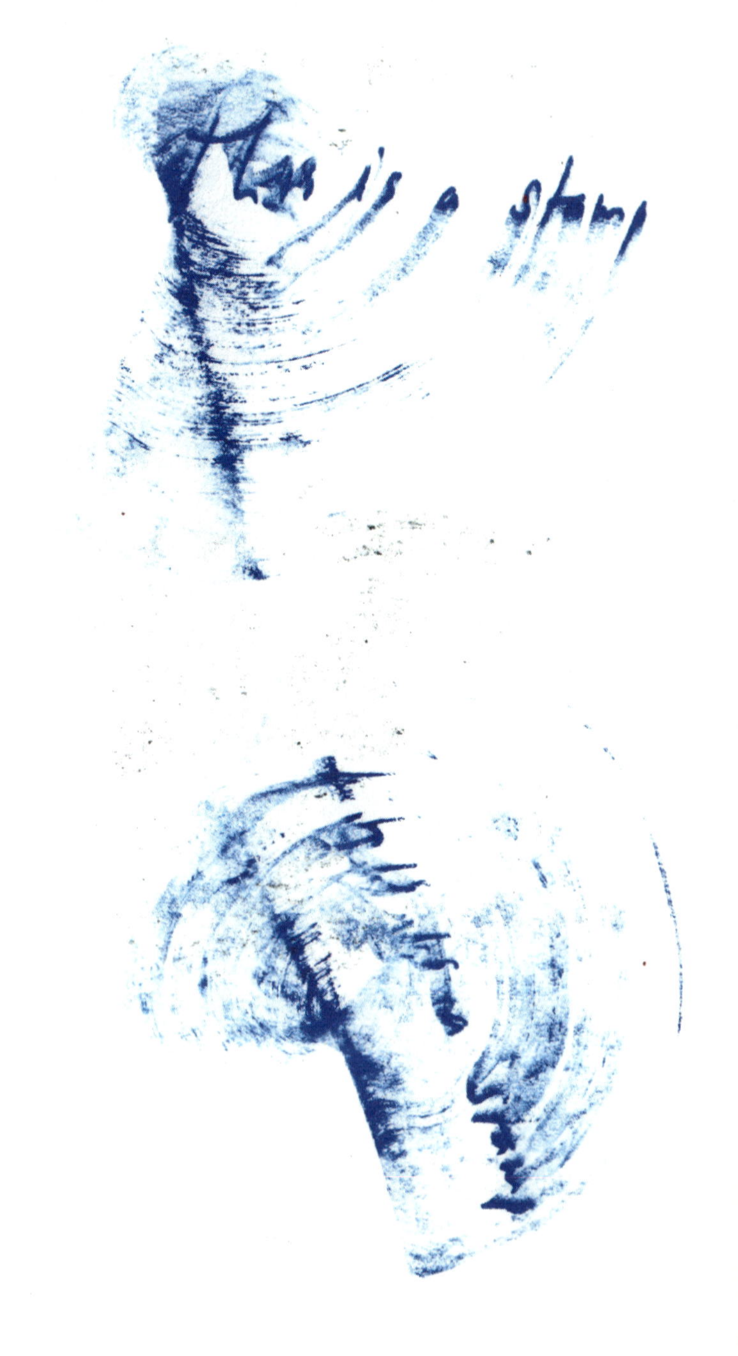
this is a stamp

fluidity of practice

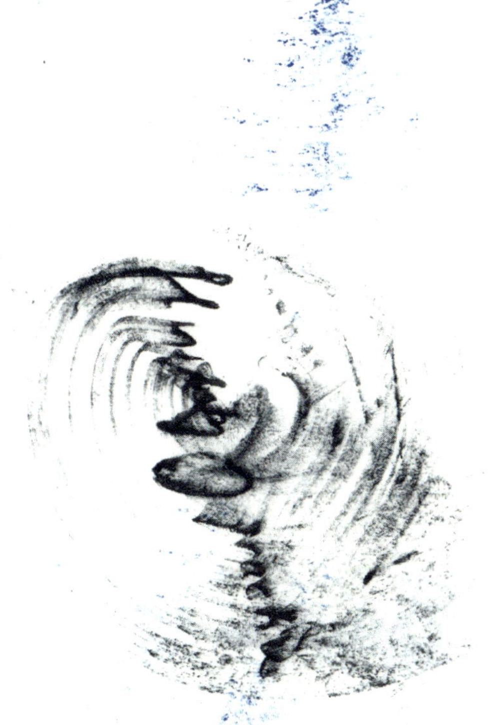

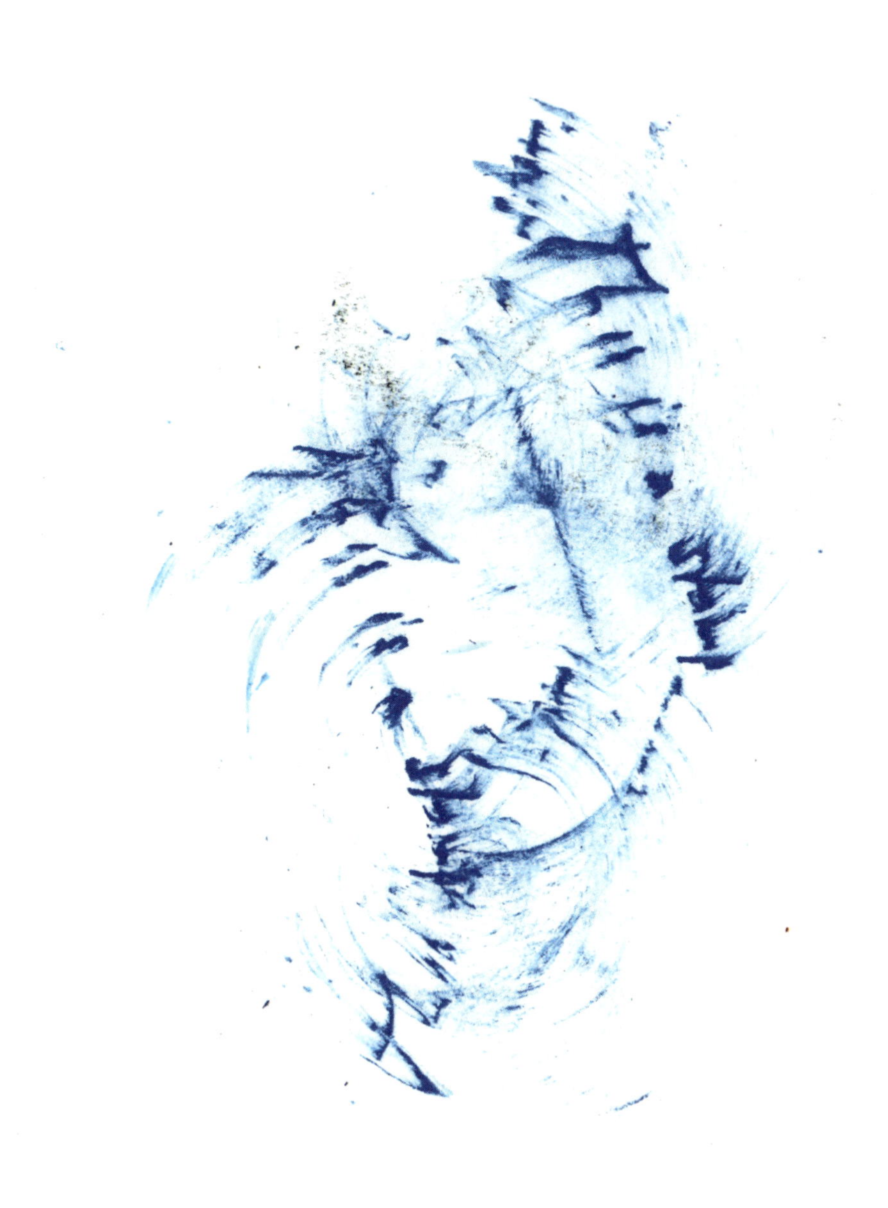

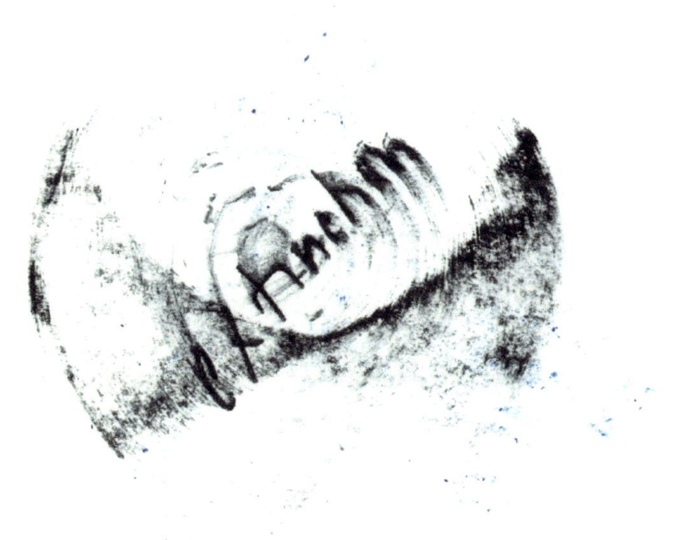

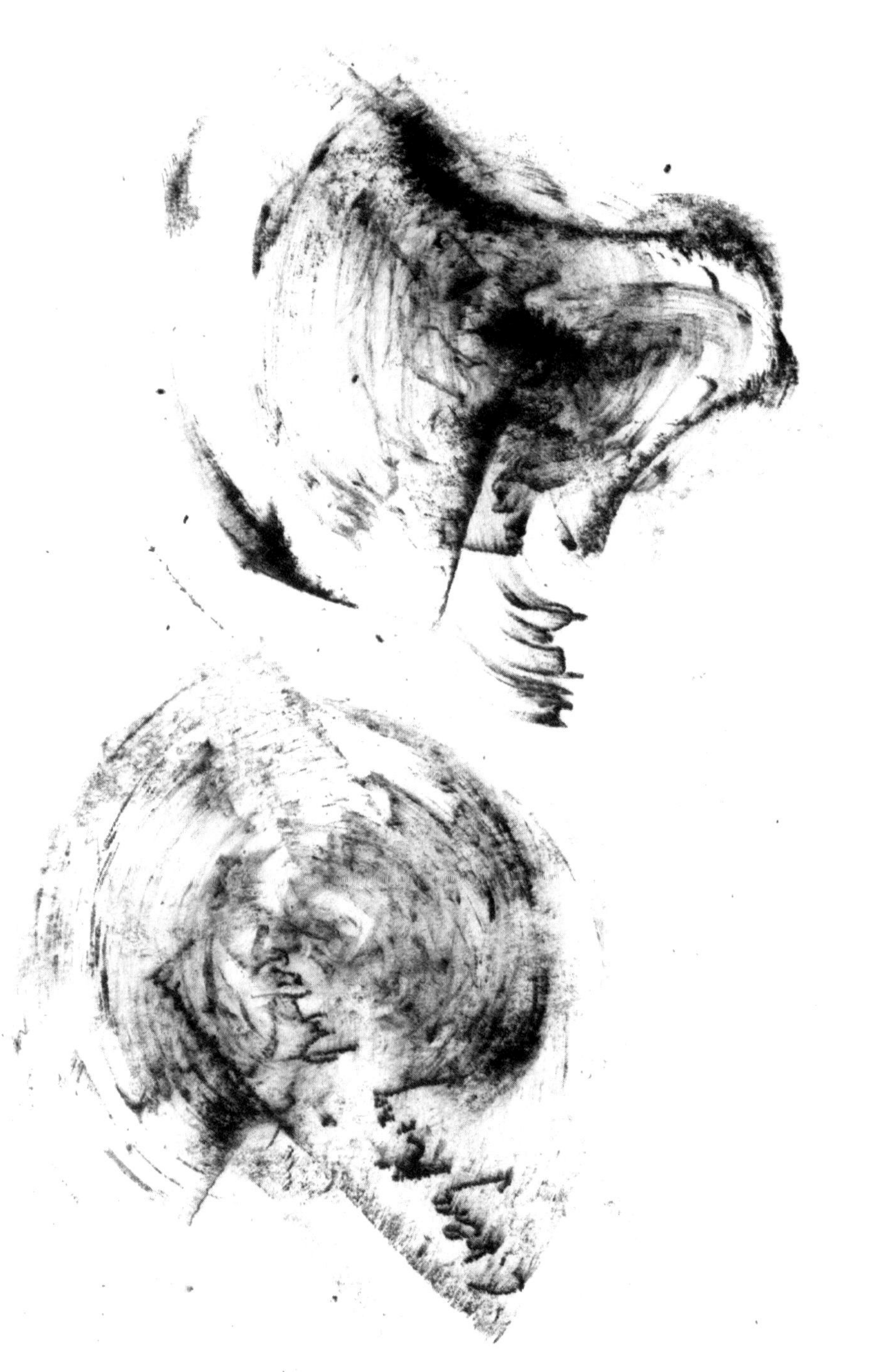

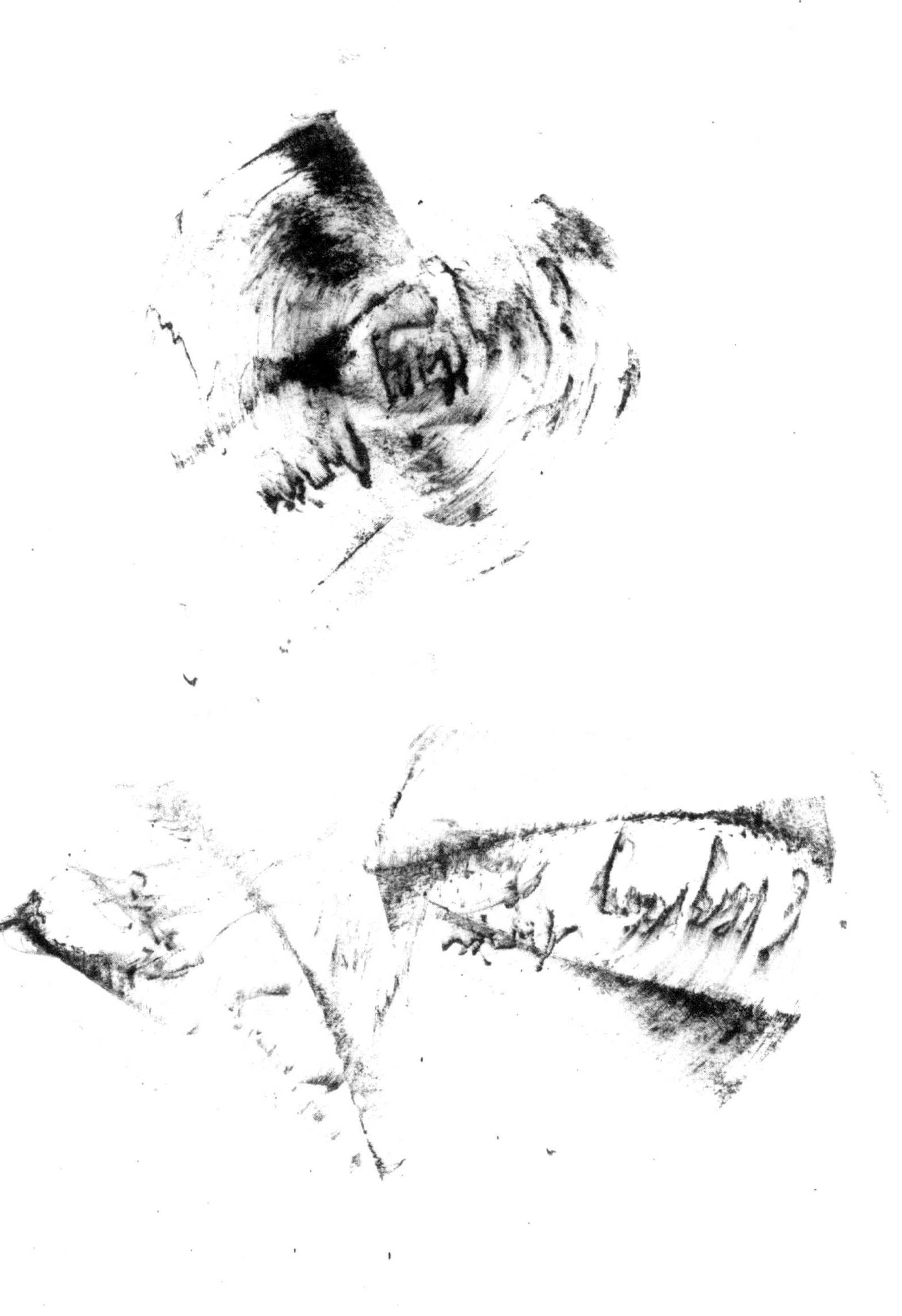

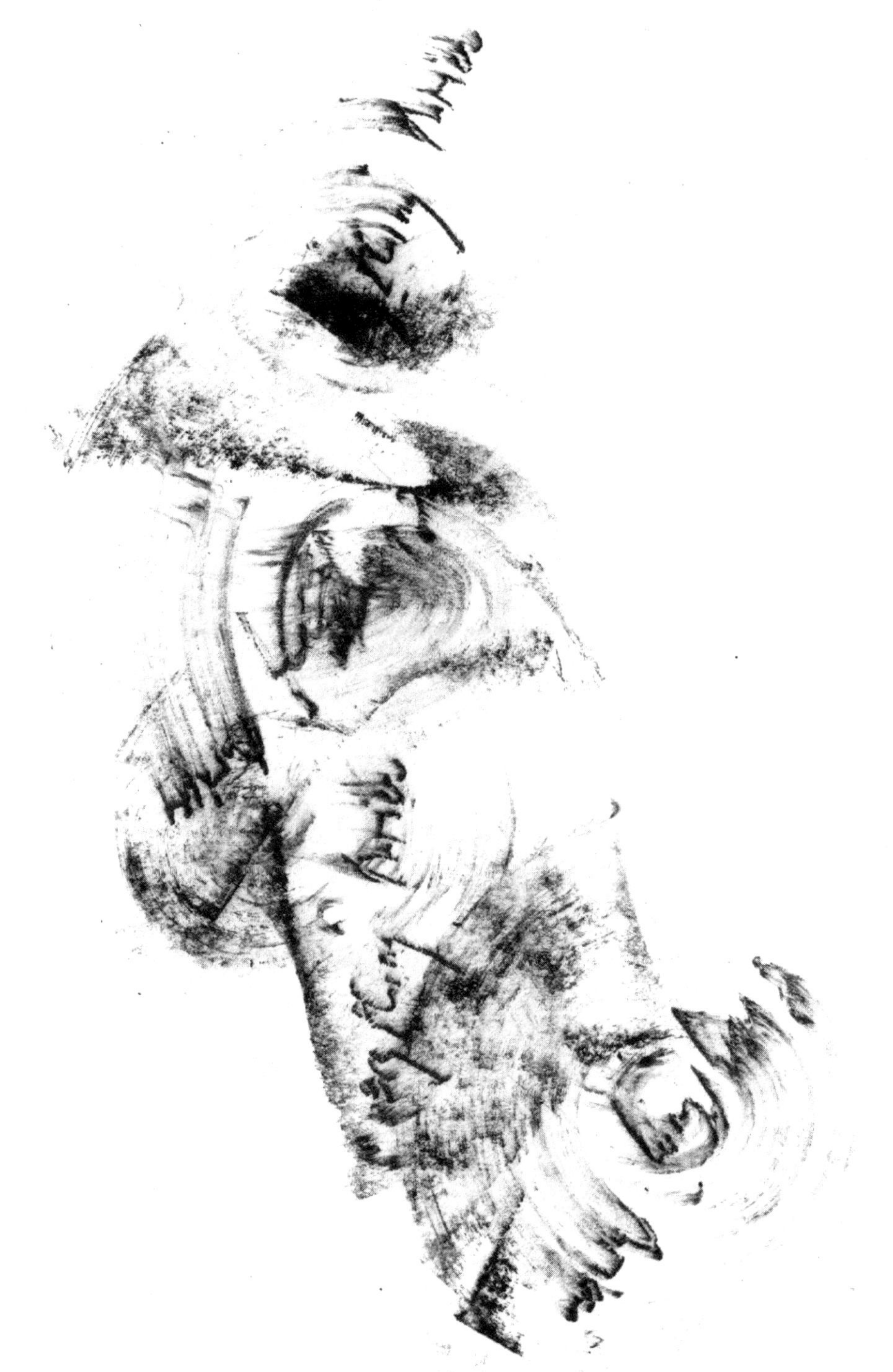

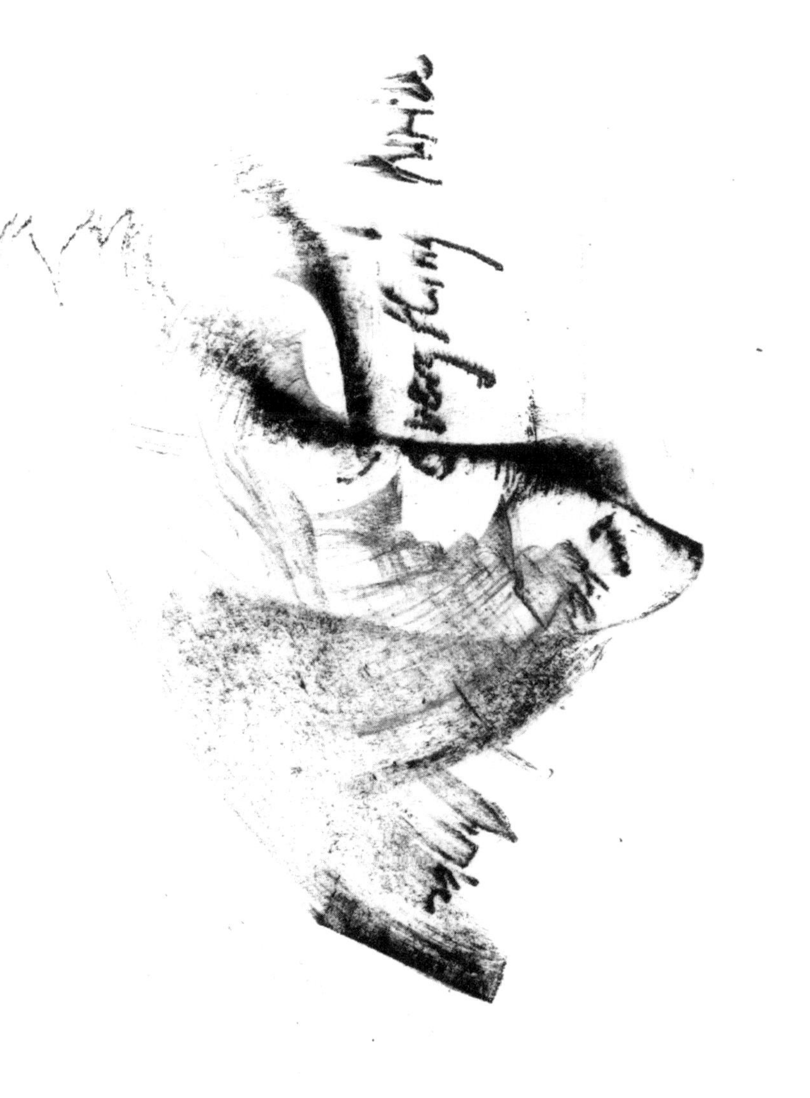

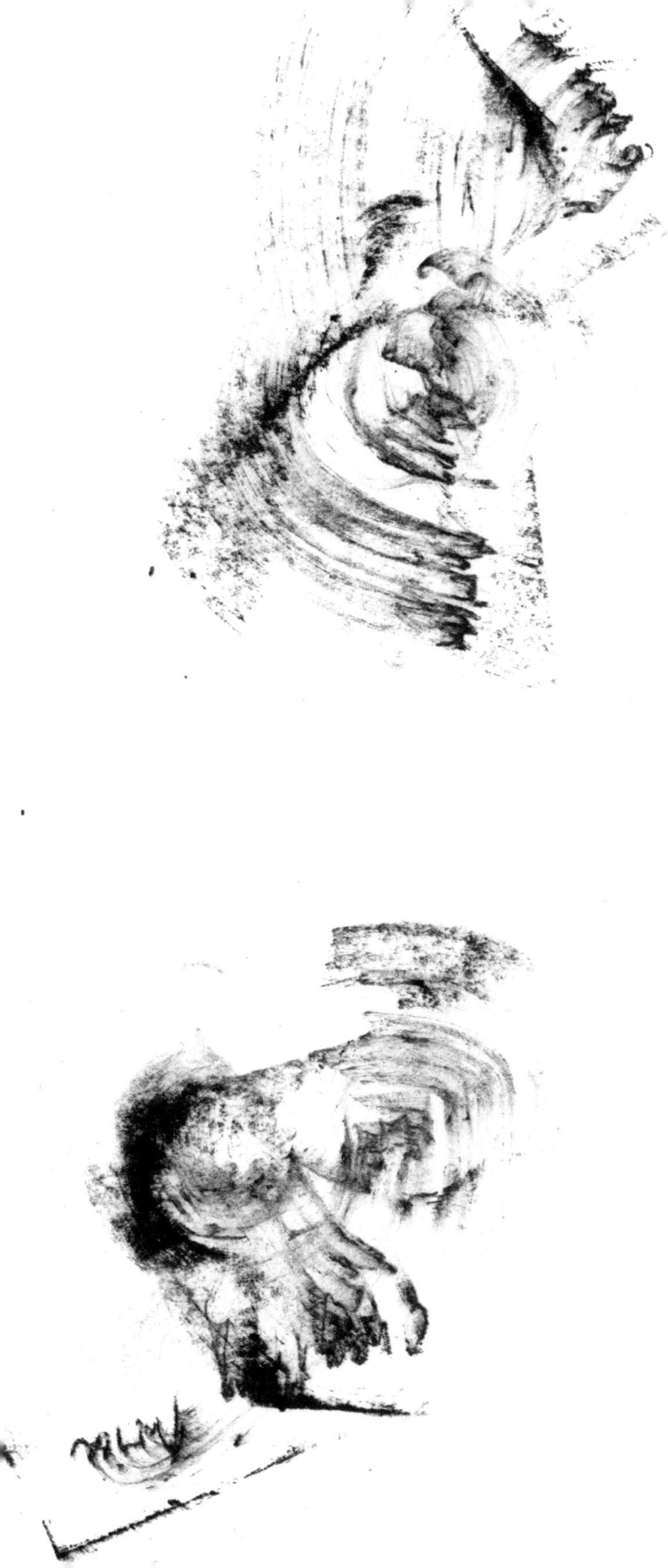

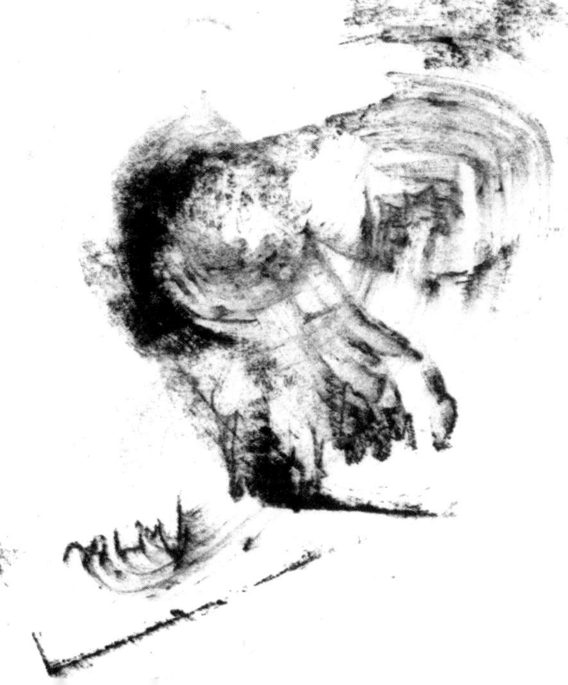

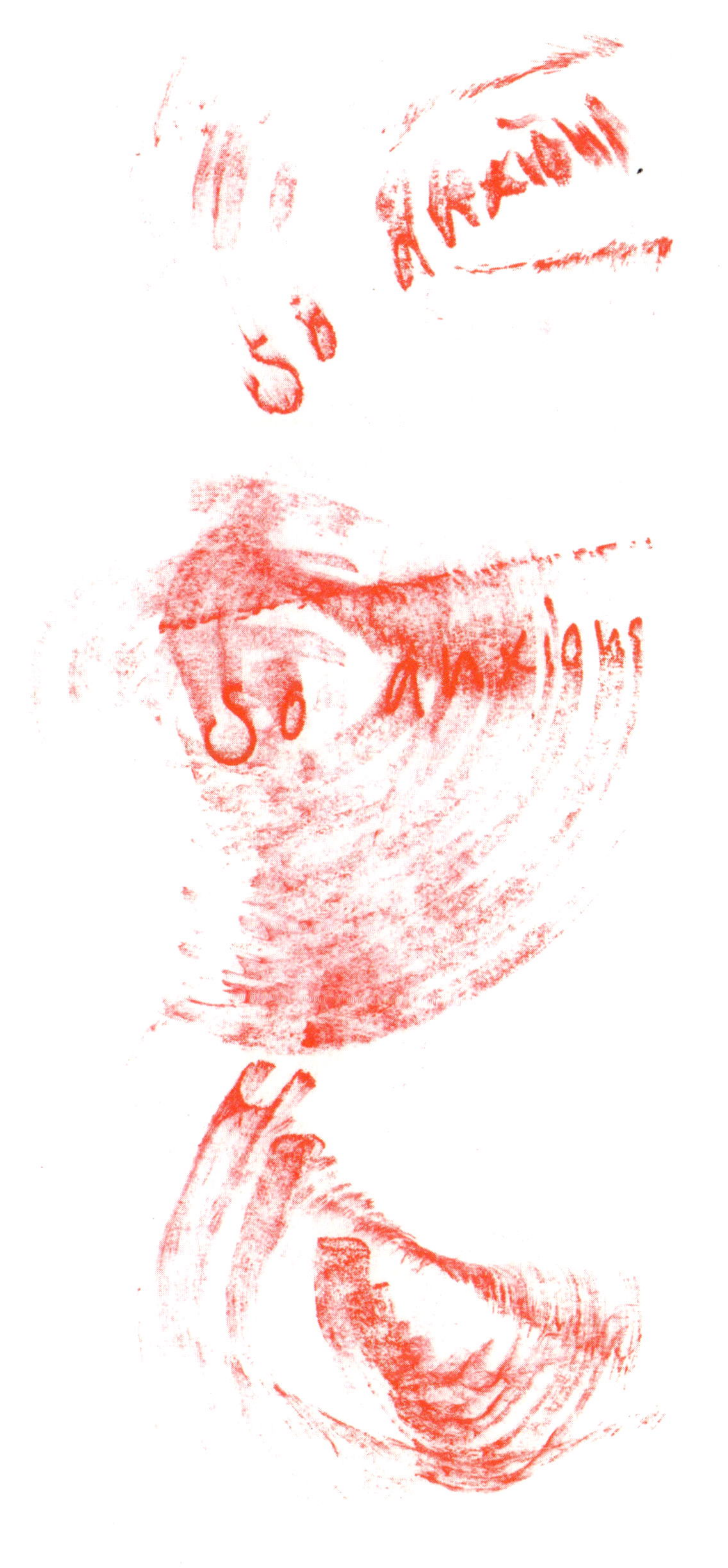
so anxious
so anxious

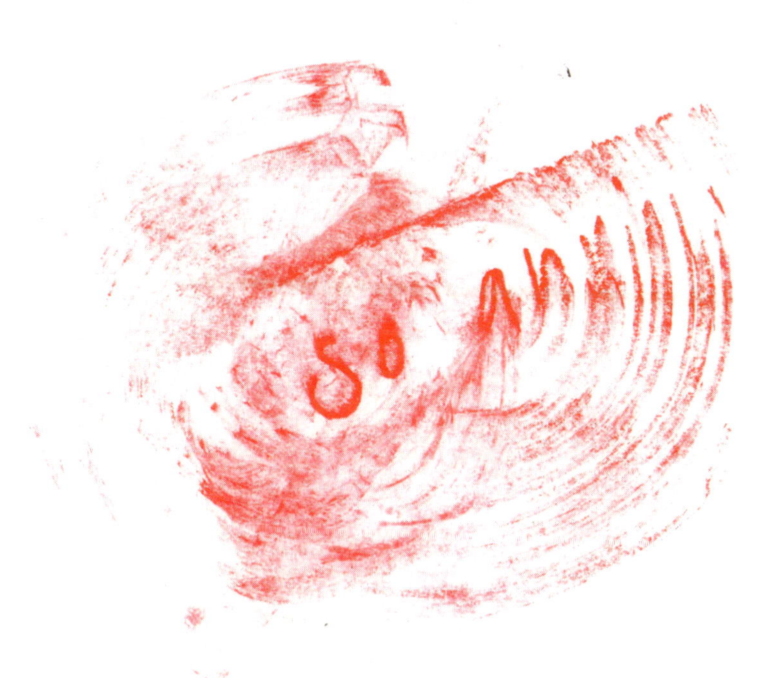
SO

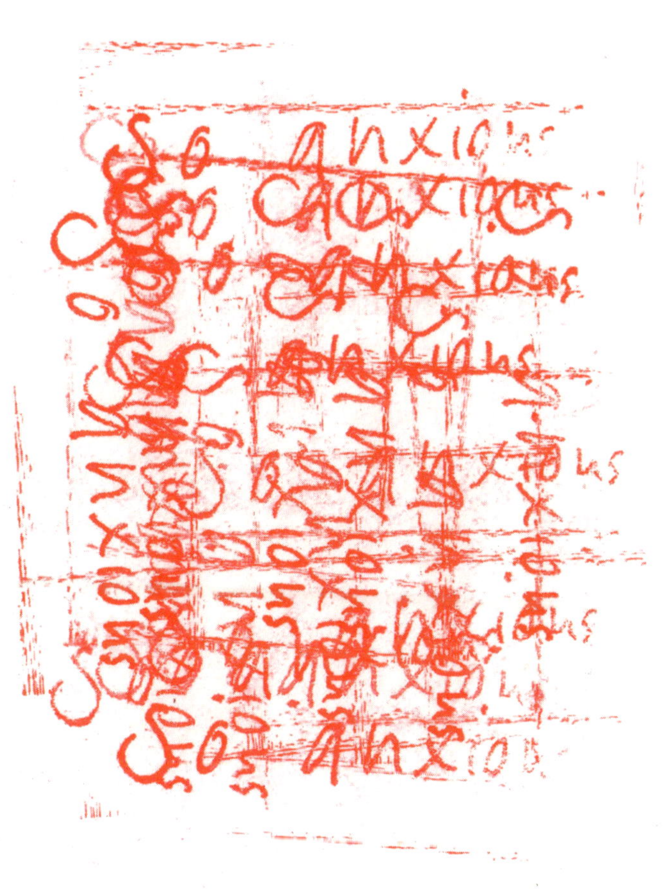
So anxious

Sa abrions

Sa abxions

Sa abi

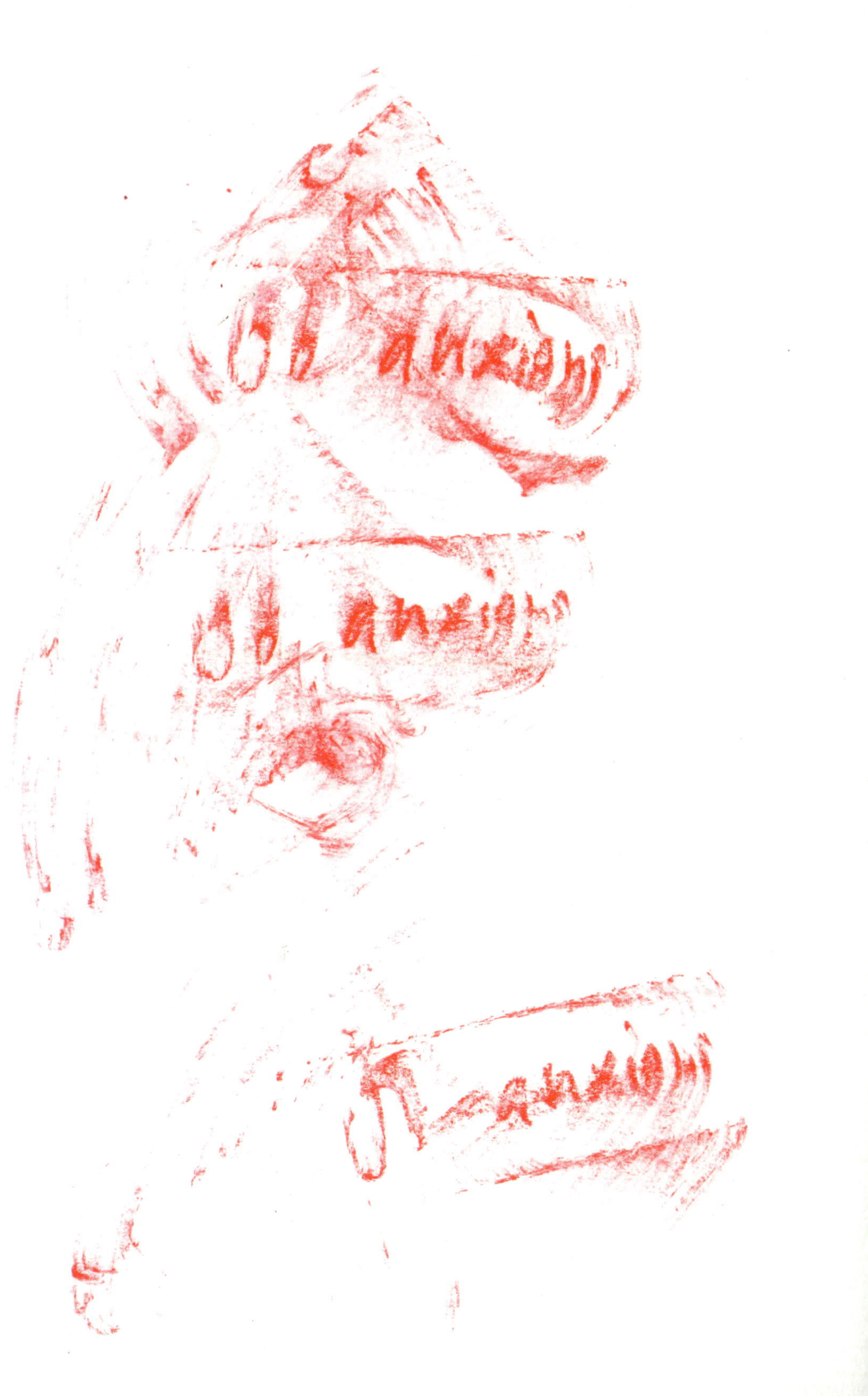

blue ocean

blue ocean
blue ocean
blue ocean
blue ocean
blue ocean
blue ocean
blue ocean
blue ocean
blue ocean
blue ocean

blueocean

blue ocean

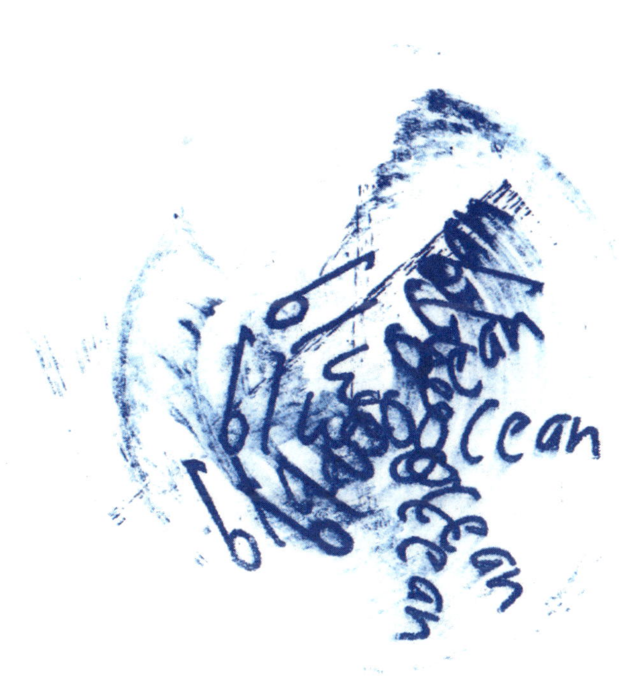

blue

ocean

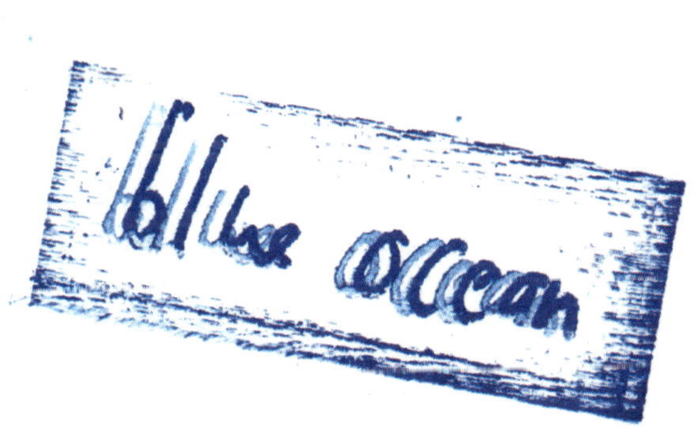
blue ocean

blue ocean blue ocean blue ocean

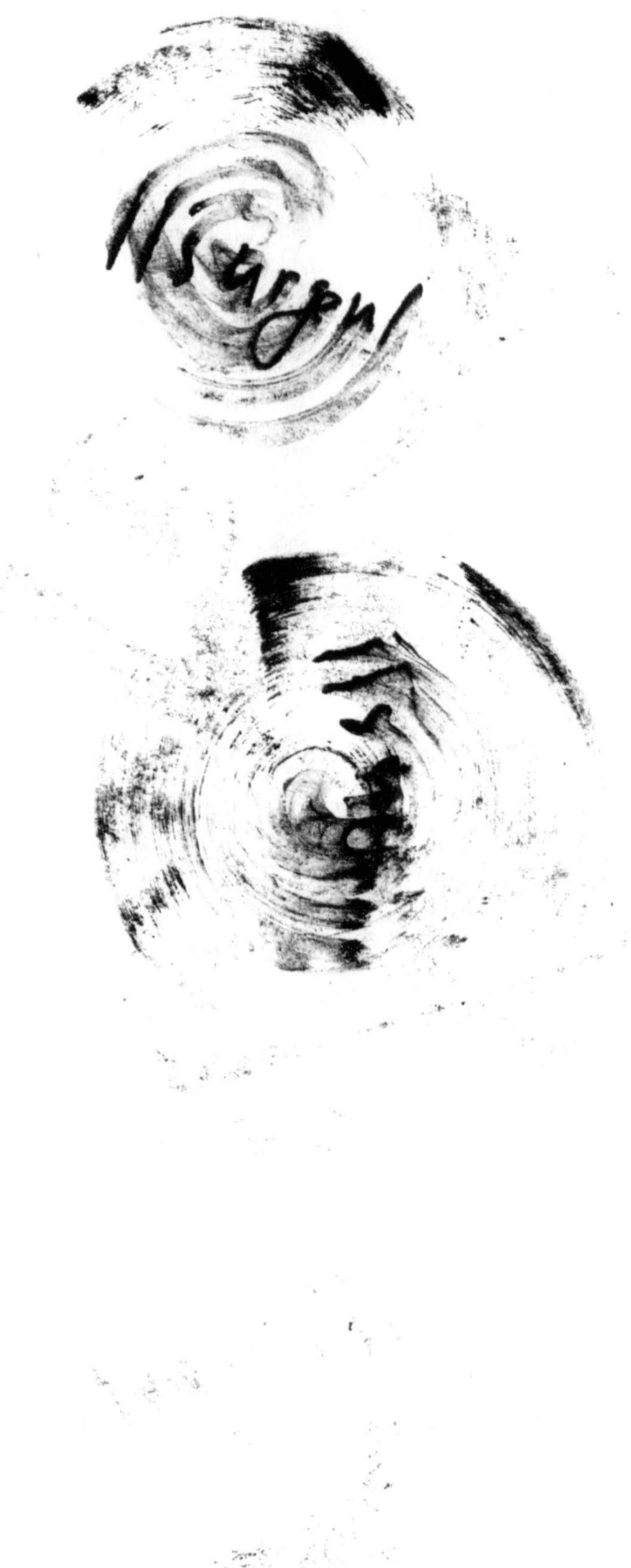

fainting (almost)

fainting (almost)

fainting (actually)

It's urgent

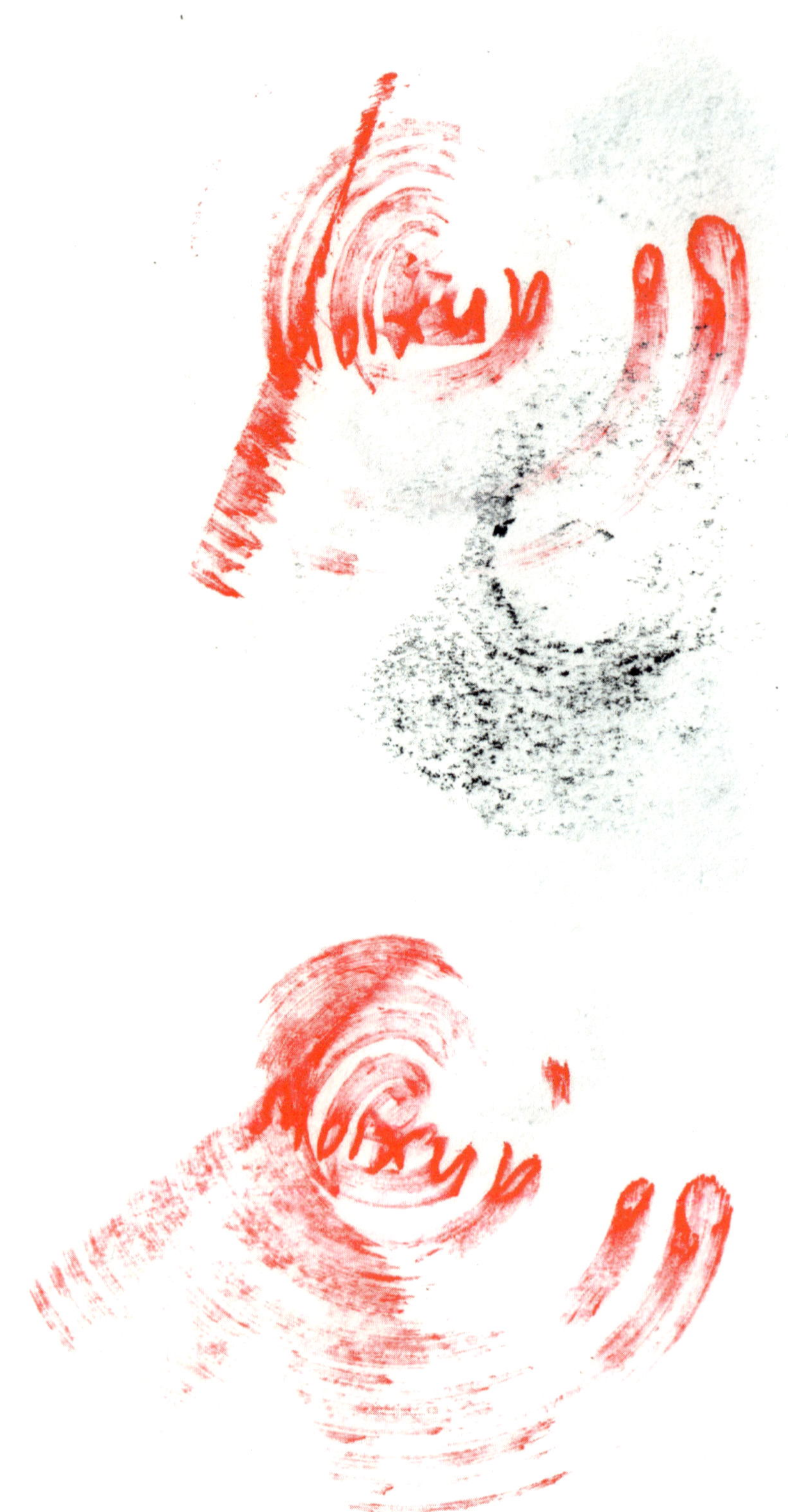

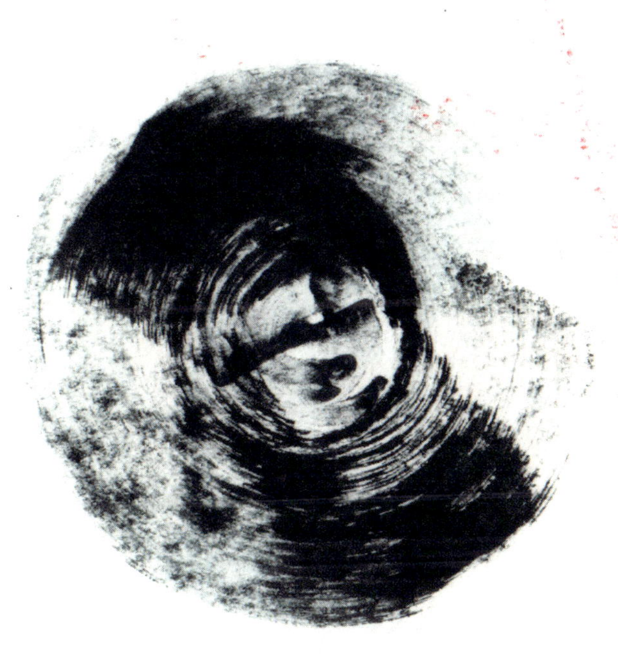

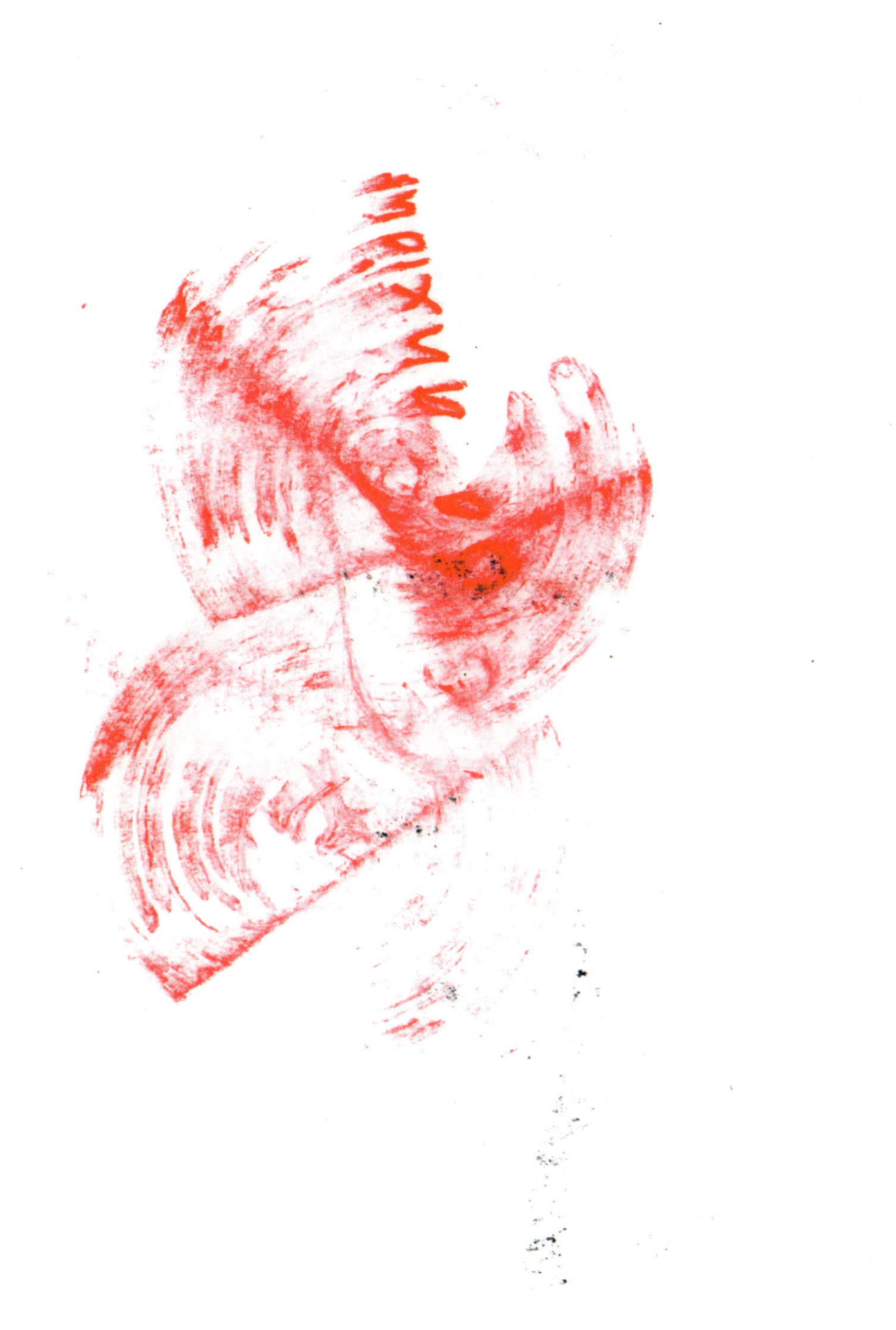

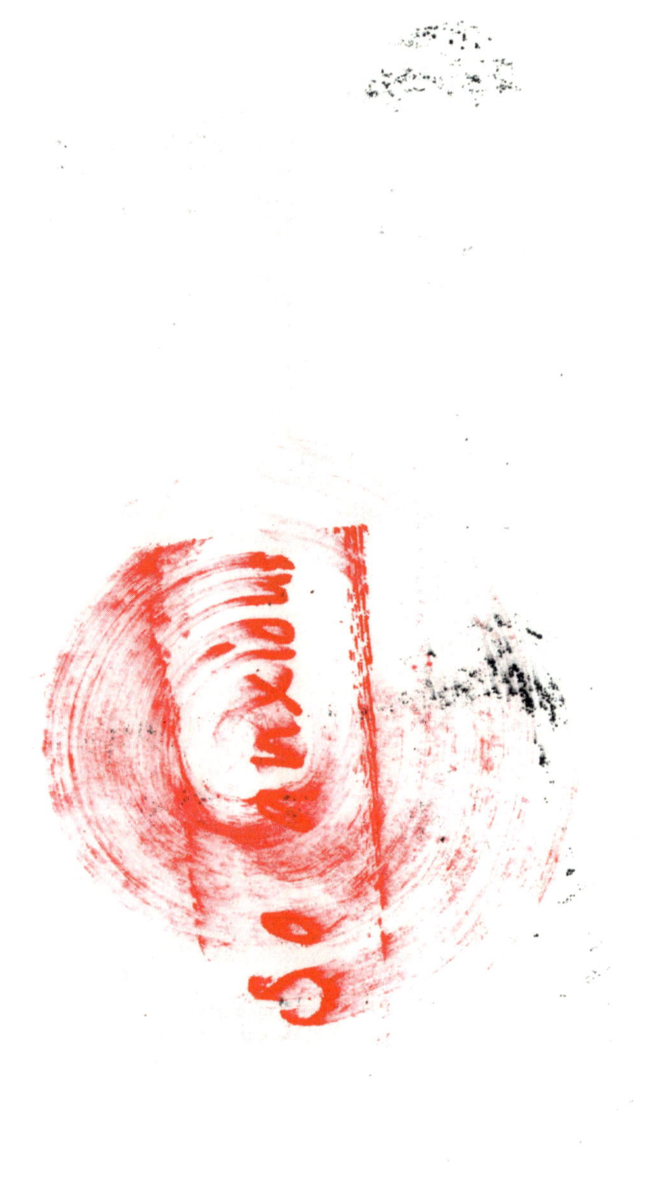
go anxious

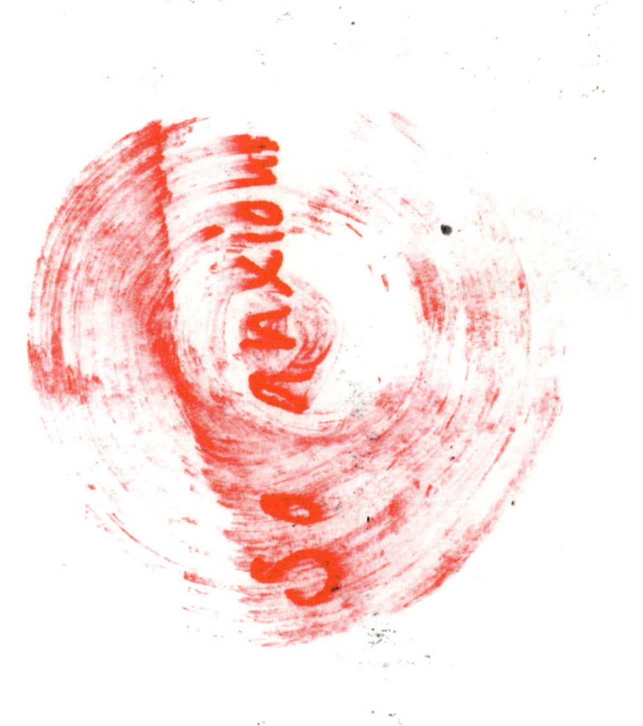
So anxious

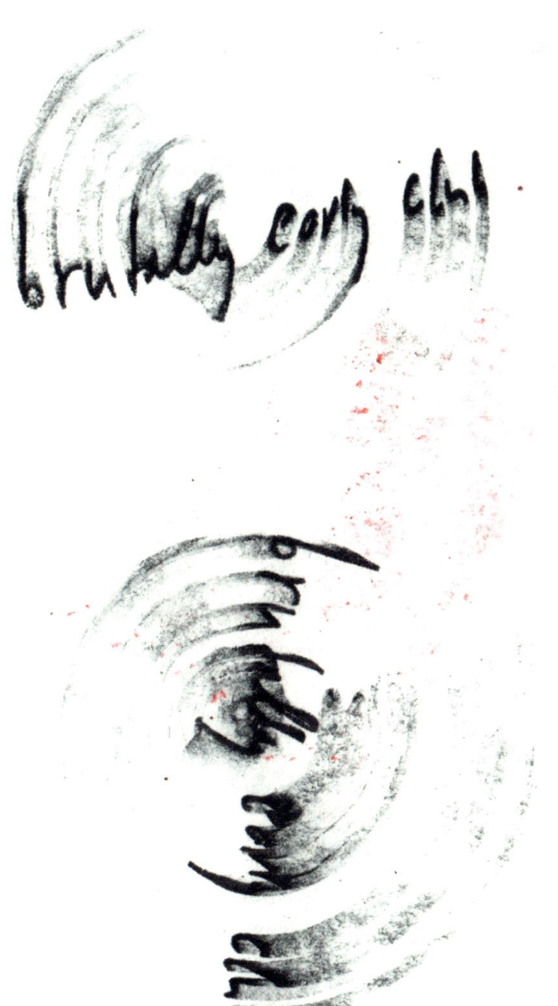
brutally early club
brutally early club

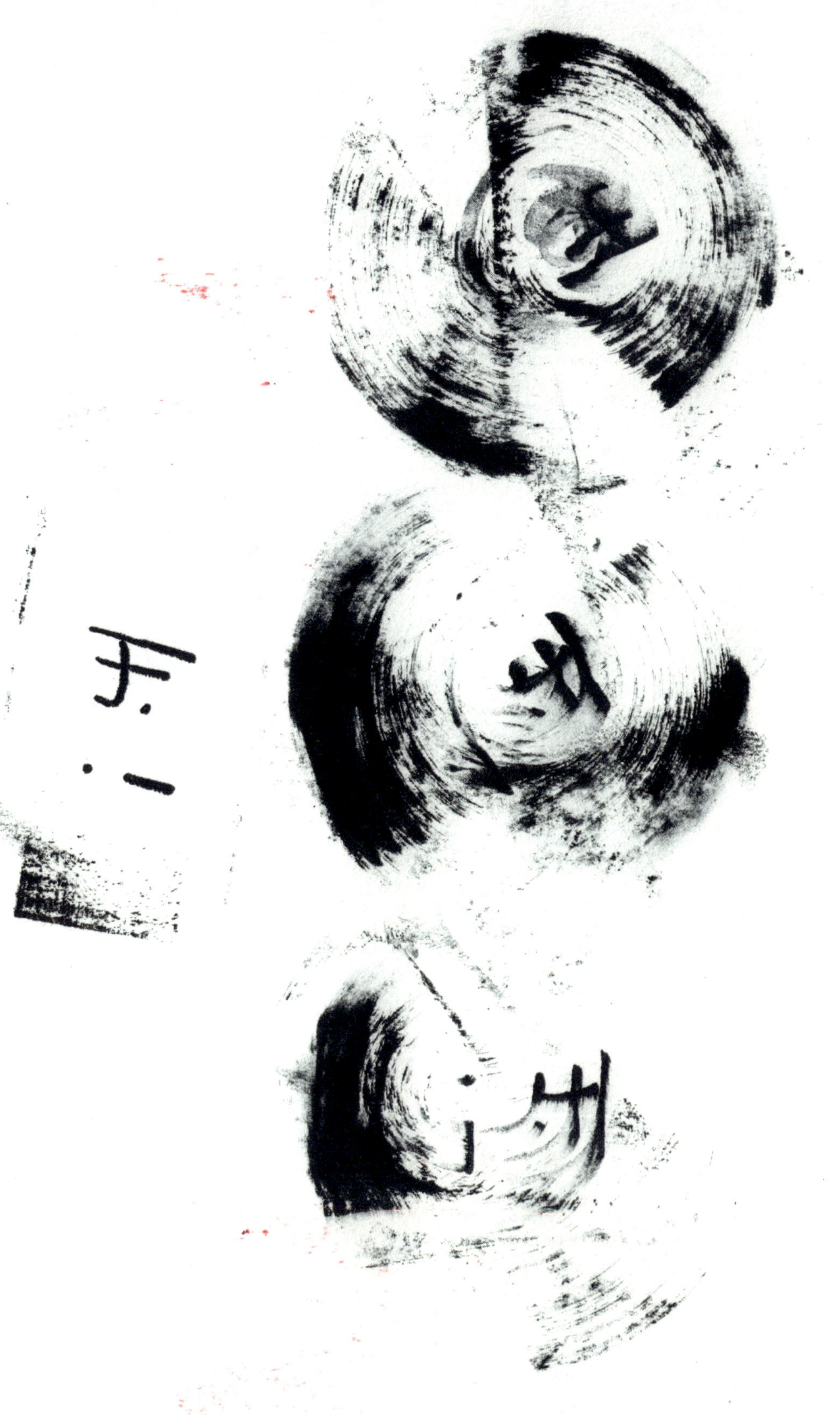

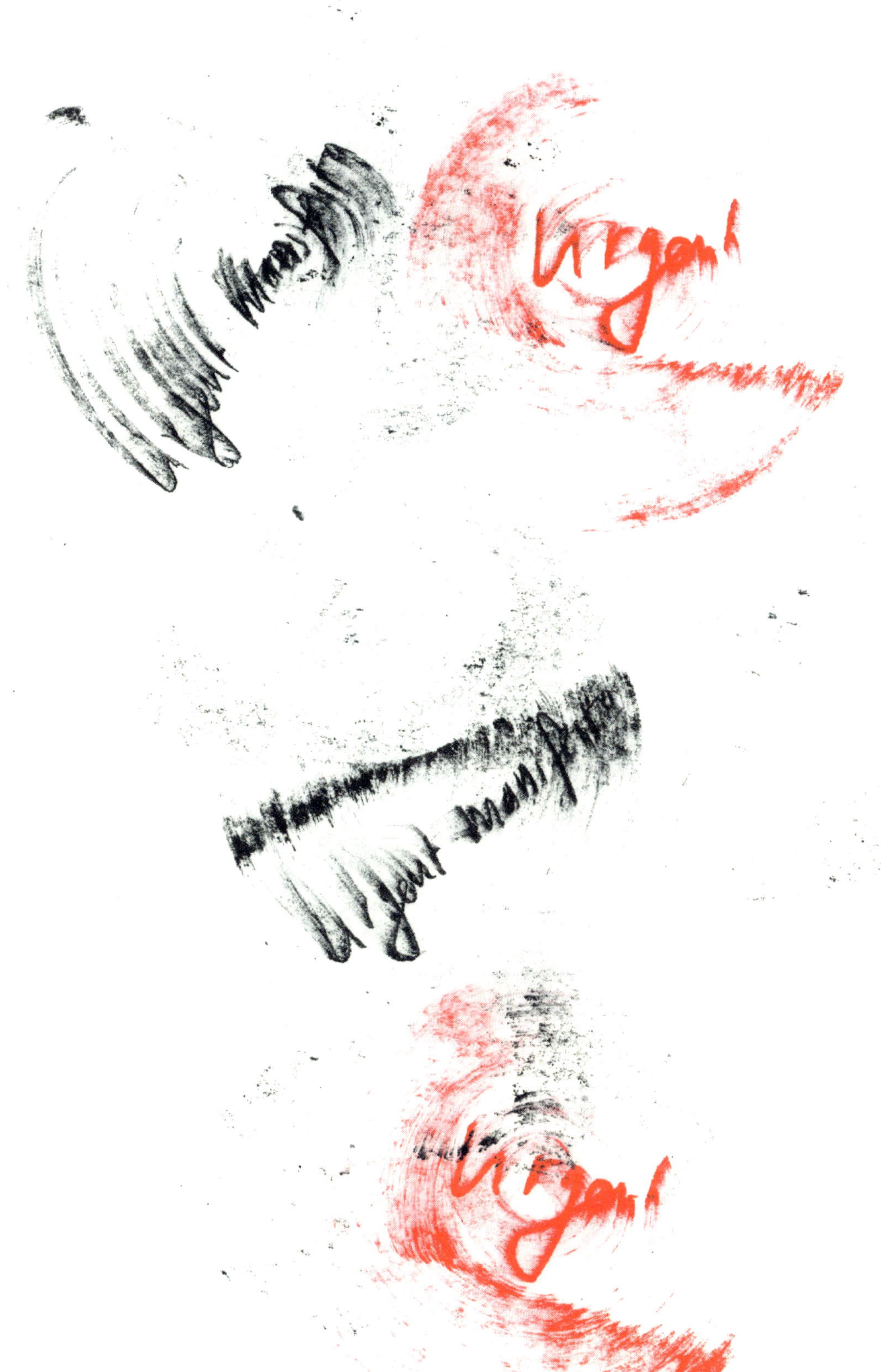

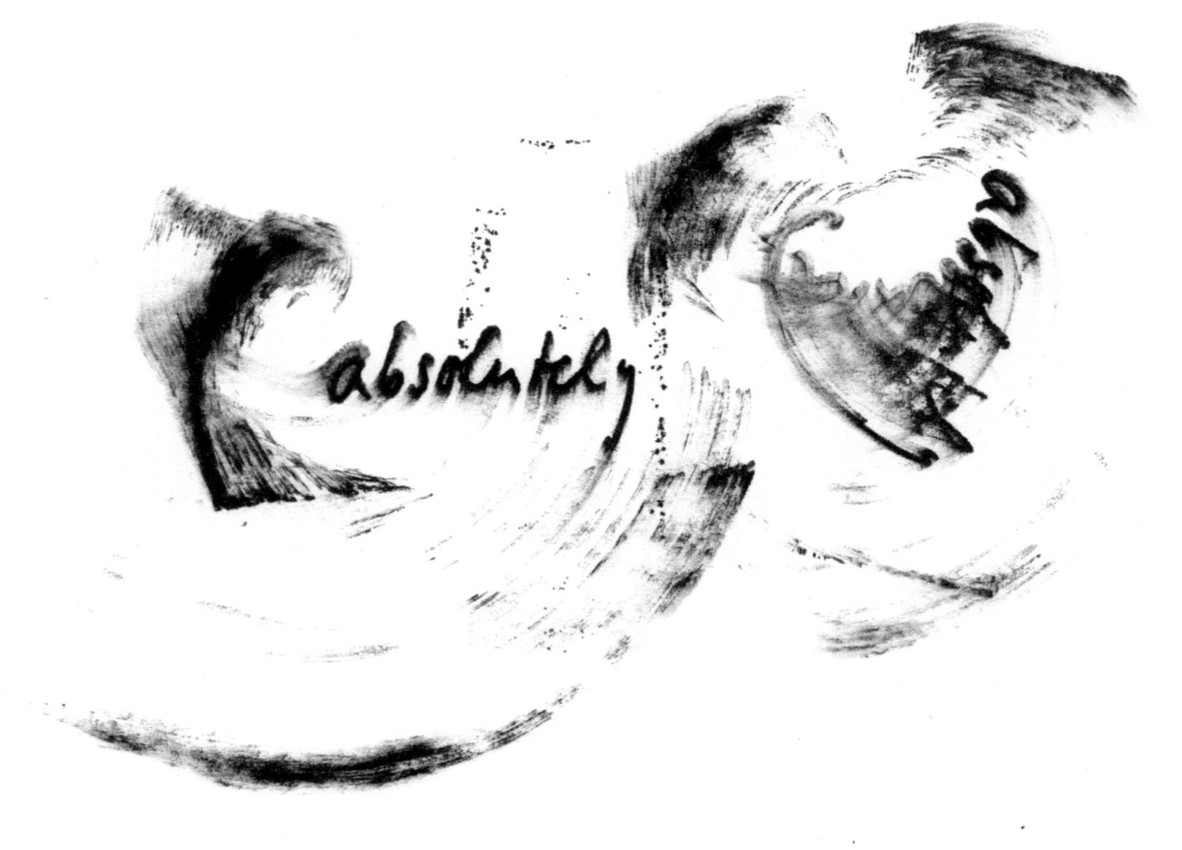
absolutely
absolutely

are you upset ?

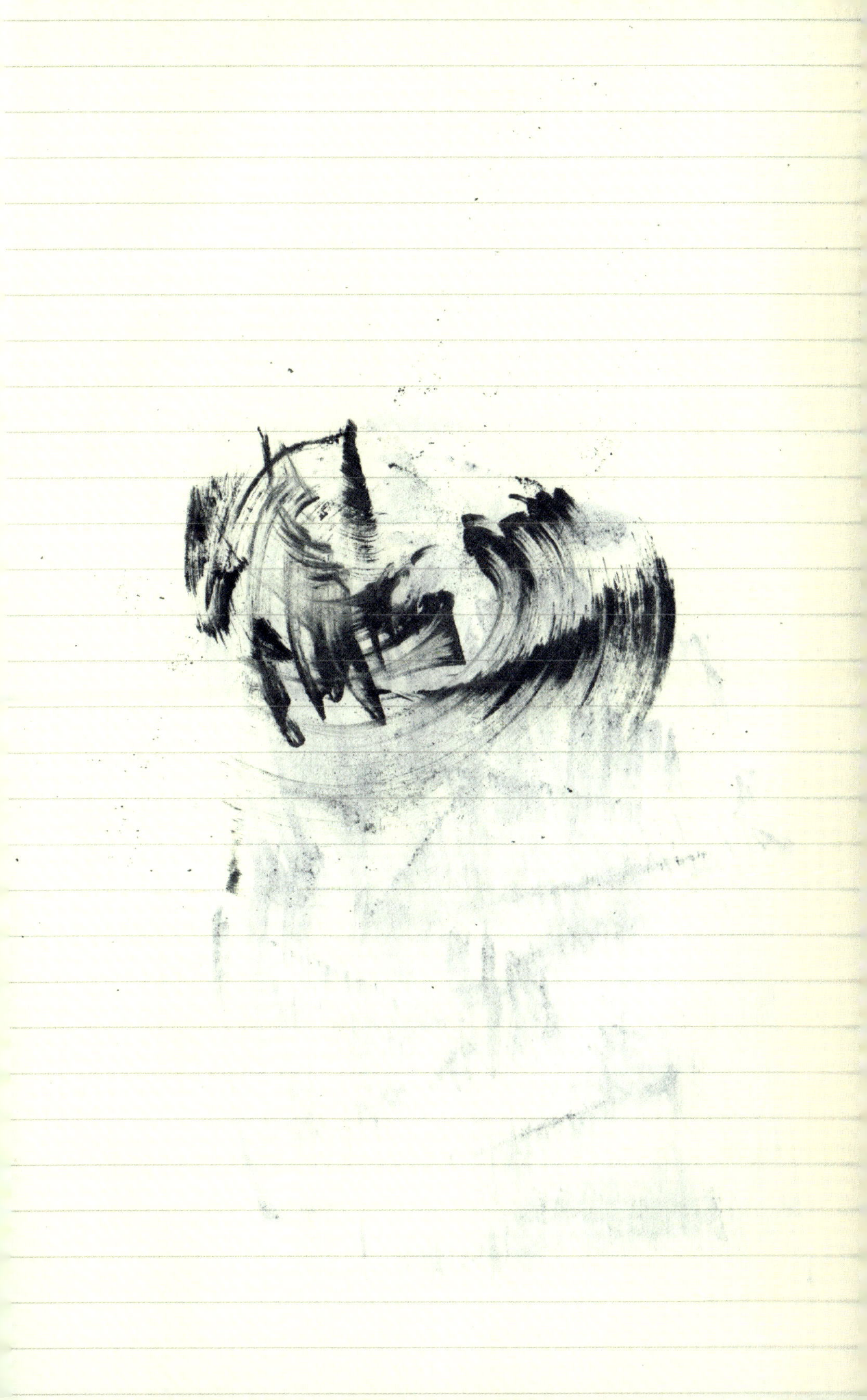

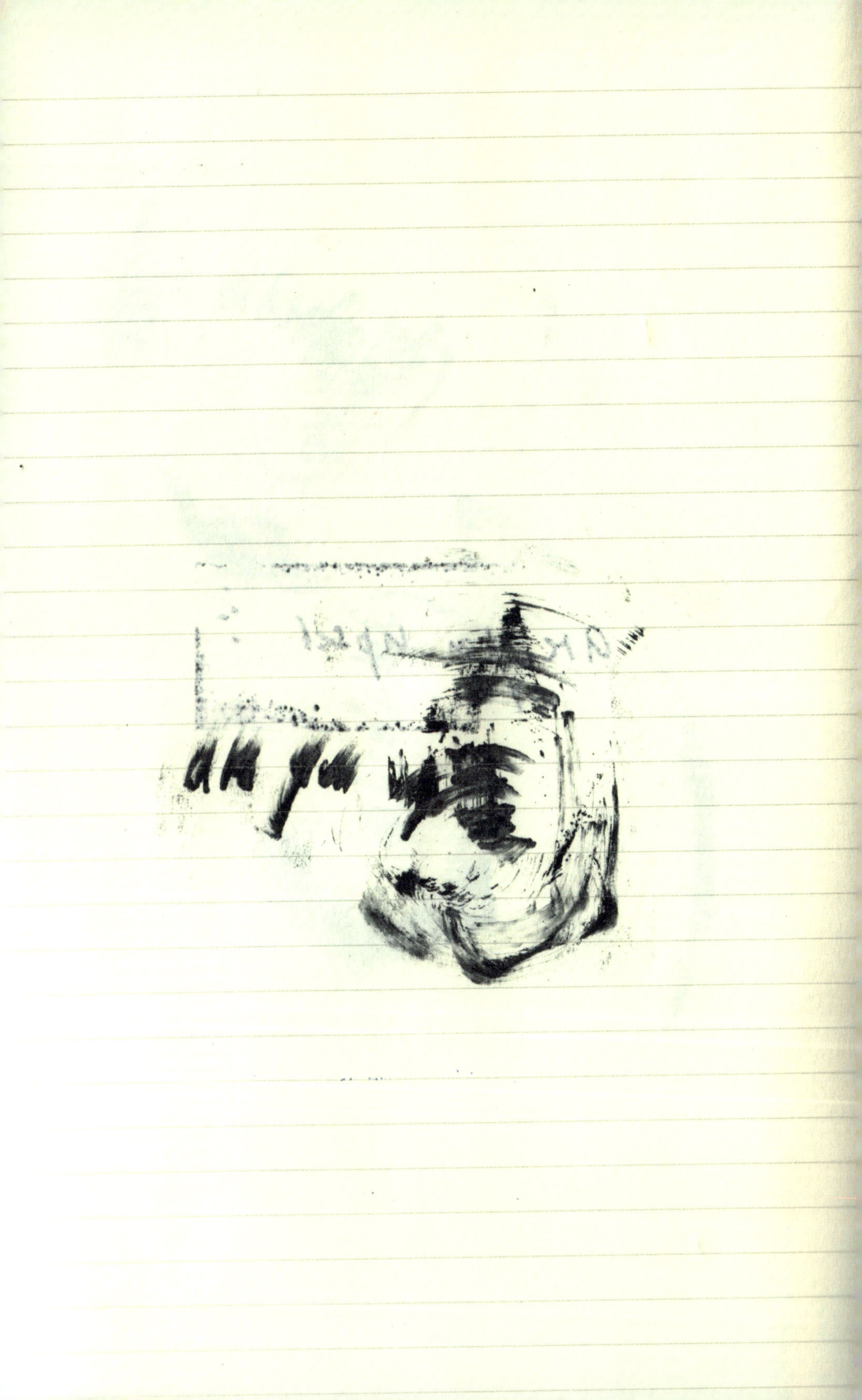

this is not a stamp

this is not a stamp

this is not a stamp

This is a stamp

This is a stamp

This is a stamp

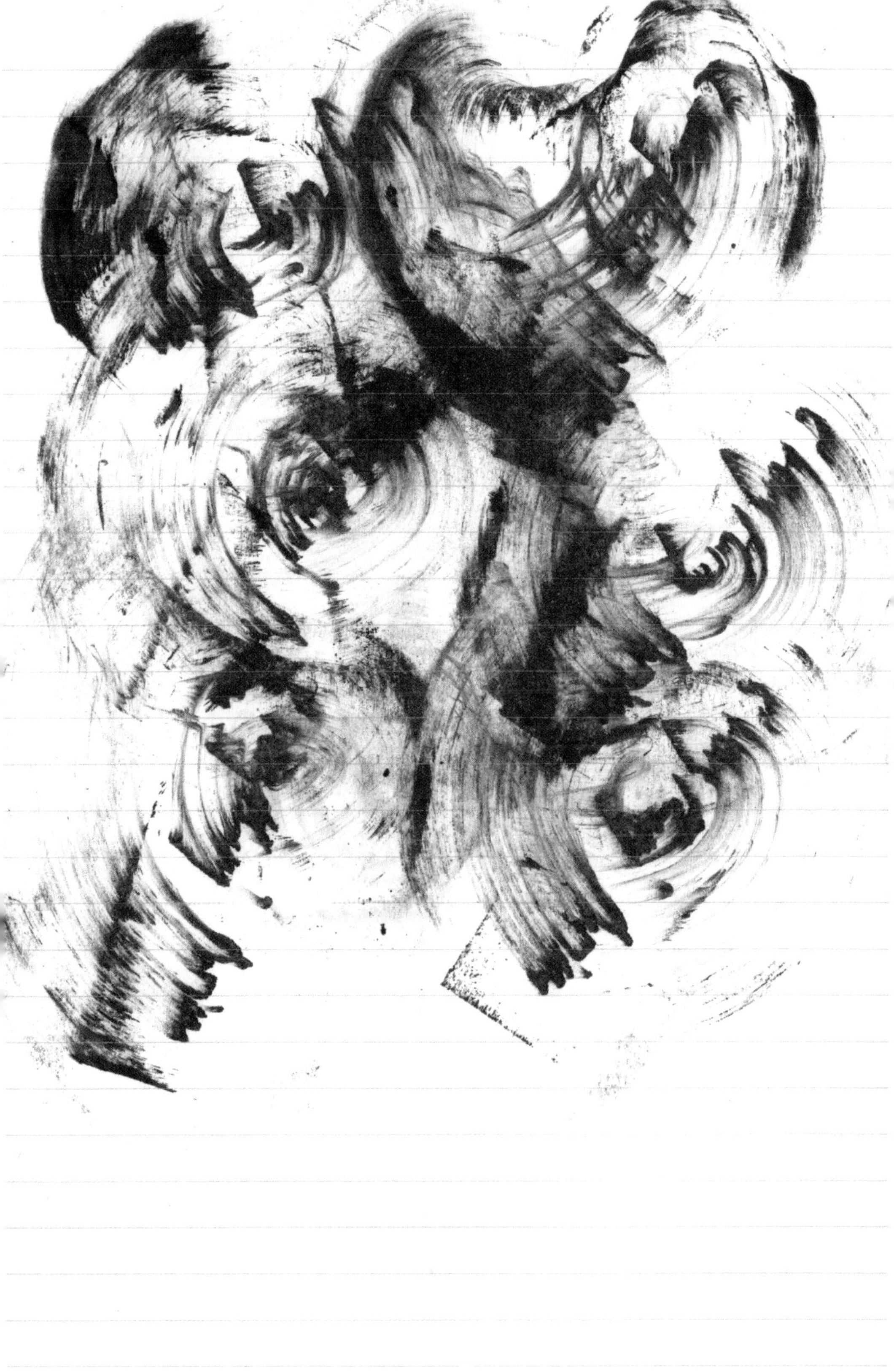

I'm so worried my emails
don't reach you.

I'm so worried my emails
don't reach you.

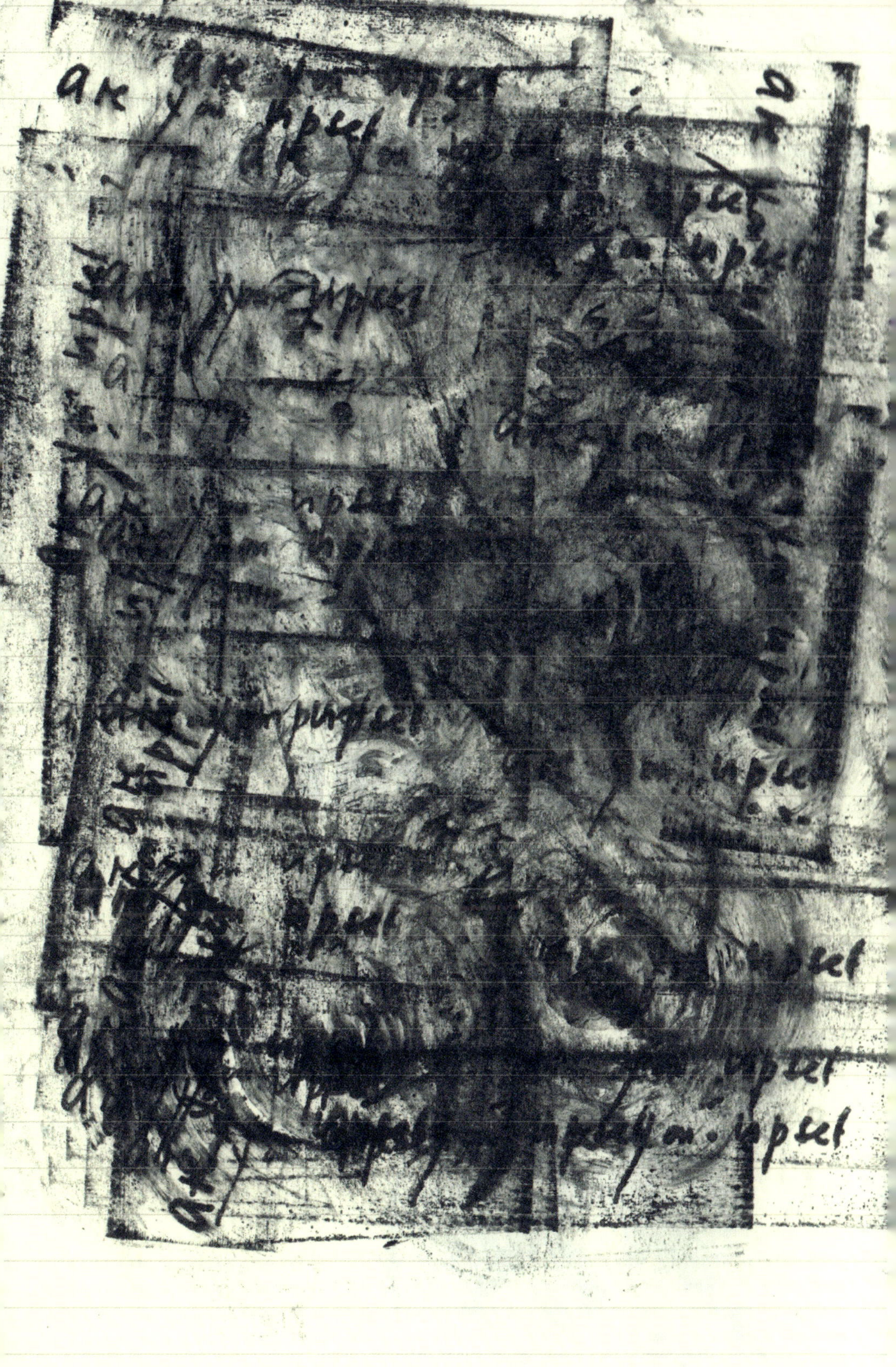

are you upset
are you upset
are you upset

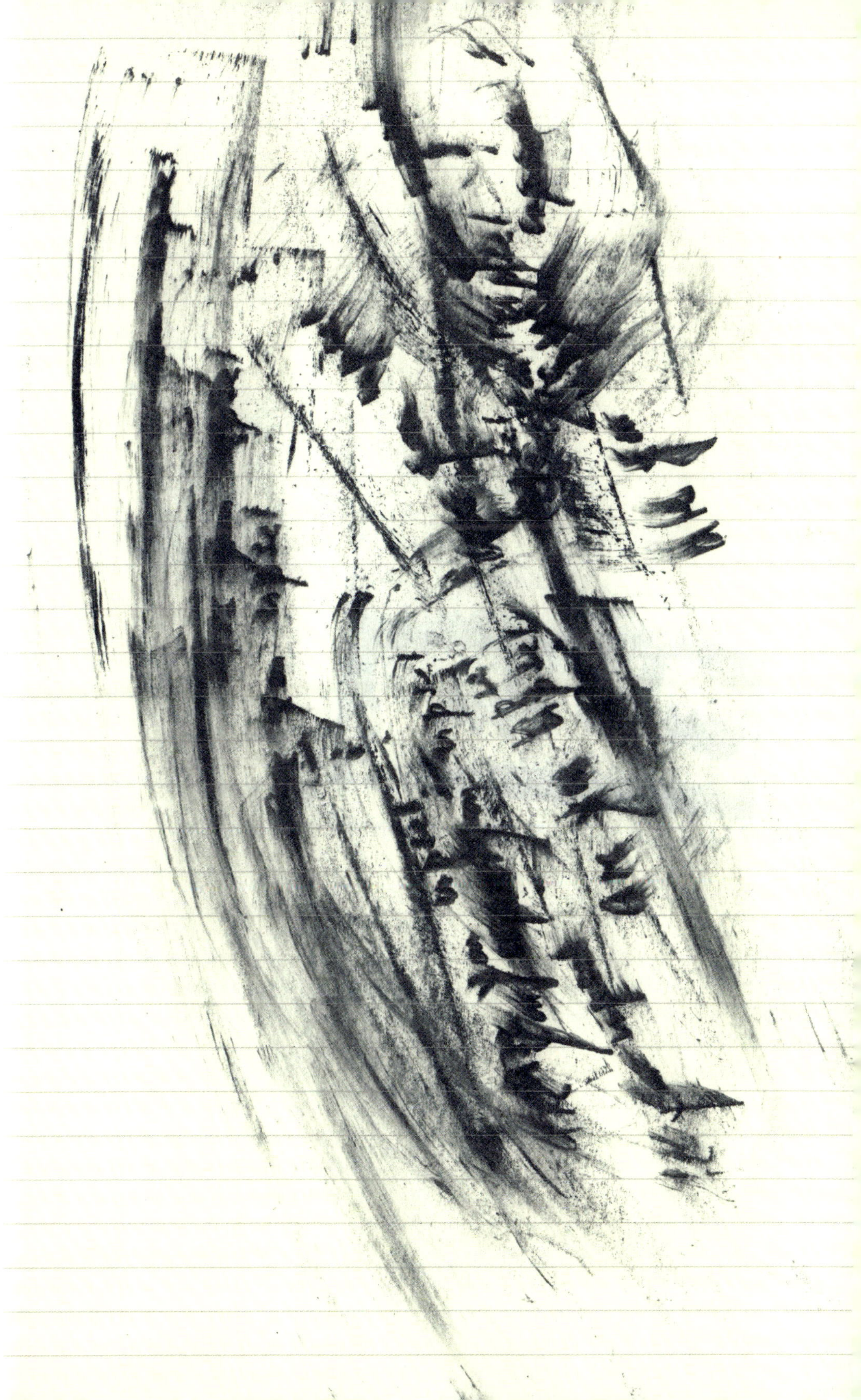

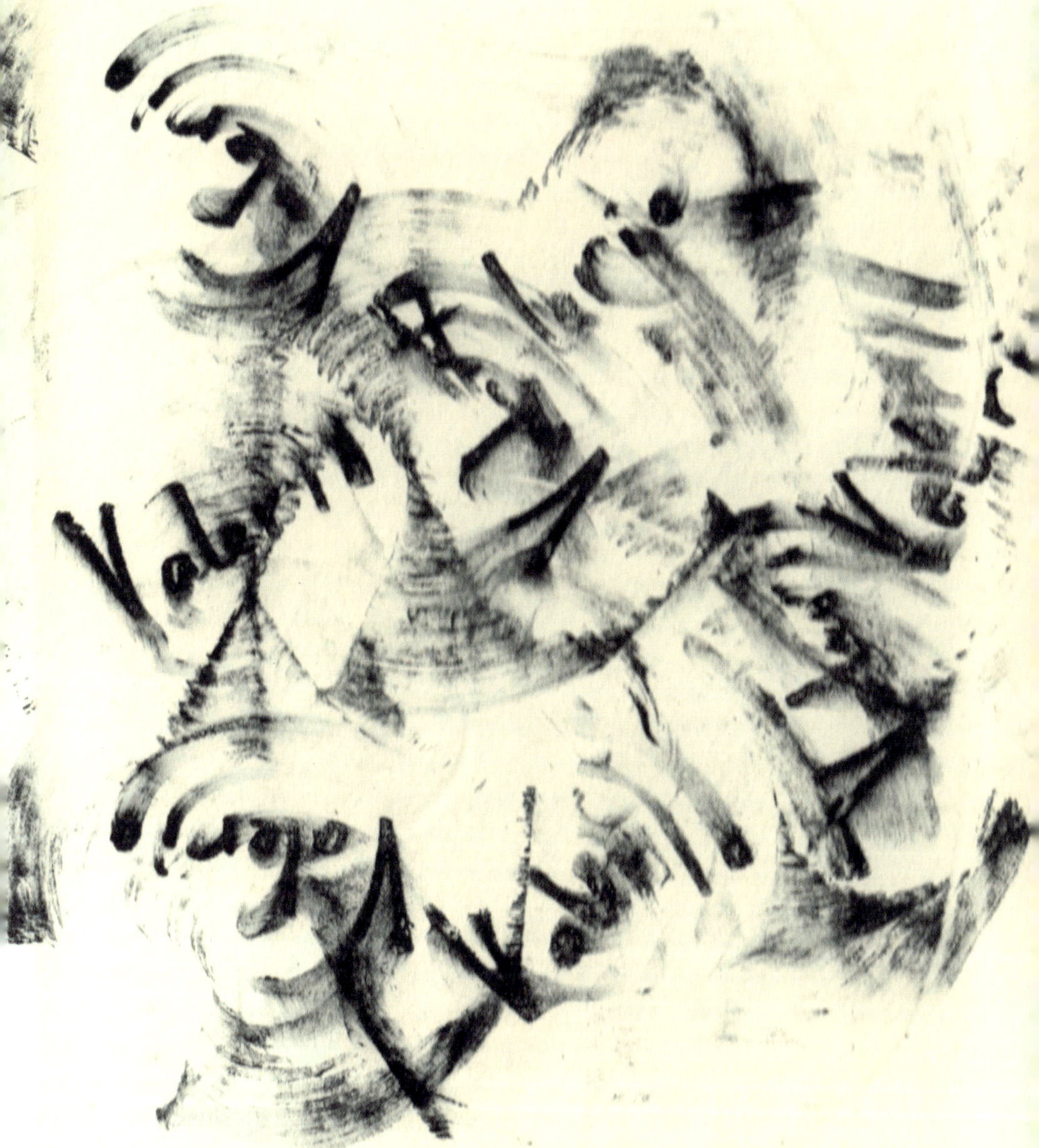

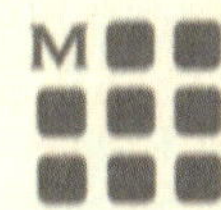
M

In case of loss, please return to:

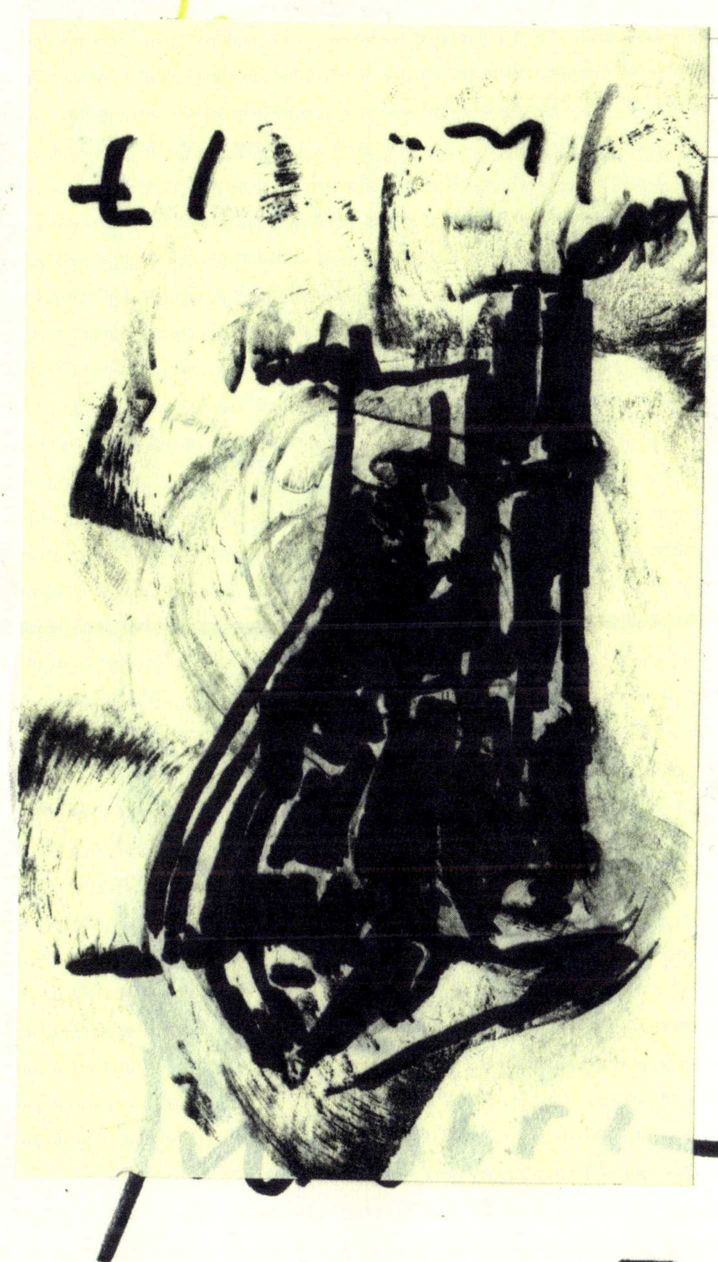

2017

Hans Ulrich Obrist

Né en 1968 à Zurich (Suisse), Hans Ulrich Obrist est directeur de la Serpentine Gallery (Londres), critique d'art et commissaire d'exposition. En 1991, il organise sa première exposition dans son propre appartement en Suisse avec des œuvres de Christian Boltanski ou encore Fischli Weiss. En 1993, il fonde le musée Robert Walser et devient peu après conservateur au musée d'art moderne de la Ville de Paris. En 1995, il organise avec Christian Boltanski l'exposition *Take Me I'm Yours* (1995) où les visiteurs sont invités à toucher et emporter avec eux les œuvres – une exposition majeure dans la création contemporaine, et qui a été recréée 20 ans plus tard à la Monnaie de Paris (2015), au Jewish Museum de New York (2016), et qui continue aujourd'hui d'être présentée à travers le monde. Commissaire de plus de 300 expositions (parmi lesquelles on peut notamment citer *Do It ou Cities on The Move*), du Pavillon suisse de la 14e Biennale internationale d'architecture de Venise, de la 1e Biennale de Berlin, ou encore de la 7e Biennale de Lyon, Il dirige les projets internationaux de la Serpentine Gallery depuis 2006. En 2013, Hans Ulrich Obrist a fondé le programme 89+ avec Simon Castets, un projet de recherche international, multiplateforme, conçu comme une cartographie de la génération née en 1989 ou après.

Aujourd'hui, Hans Ulrich Obrist continue de parcourir le monde pour rencontrer des artistes, penseurs, scientifiques, et s'entretenir avec eux. De ces entretiens est né le projet *Conversations*, une somme infinie d'entretiens pour lequel il a été distingué par le Van Allen Institute qui lui a décenré le New York Prize Senior Fellowship (2007-2008). En 2011, Hans Ulrich Obrist a reçu le prix CCS Bard; en 2009, il a été nommé membre honoraire de l'Institut Royal des Architectes Britanniques (RIBA), et en 2015, il a reçu le Prix International Folkwang pour son engagement dans les arts.

Hans Ulrich Obrist

Born in 1968 in Zurich (Switzerland), Hans Ulrich Obrist is an art critic, curator, and director of the Serpentine Gallery in London. In 1991 he curated his first exhibition in his very own apartment in Switzerland including works by Christian Boltanski and Fischli Weiss. In 1993, he founded the Robert Walser Museum and soon after became a curator at the City of Paris Museum of Modern Art. In 1995, with Christian Boltanski, he curated *Take Me I'm Yours* (1995) where visitors were invited to touch and carry the works with them – a major exhibition in contemporary creation that was recreated 20 years later at the Monnaie de Paris (2015), at the Jewish Museum in New York (2016), and that continues to be presented worldwide. Curator of over 300 exhibitions (including *Do It and Cities on the Move*), the Swiss Pavilion of the 14th Venice Biennale of Architecture, the 1st Berlin Biennale, and the 7th Lyon Biennale for Contemporary Art, he has been director of international projects at the Serpentine Gallery since 2006. In 2013, Hans Ulrich Obrist founded the 89+ program with Simon Castets, an international multiplatform research project conceived as a cartography of the generation born in 1989 or after.

Today, Hans Ulrich Obrist continues to travel the world meeting and conversing with artists, thinkers and scientists. Through these interactions was born the project *Conversations*, an infinite number of interviews for which he was recognized by the Van Allen Institute who awarded him the New York Prize Senior Fellowship (2007-2008). In 2001, Hans Ulrich Obrist received the CCS Bard Award; in 2009 he was named honorary member of the Royal Institute of British Architects; and in 2015 he received the International Folkwang Prize for his involvement in the arts.

Special thanks to Max Shackleton

Etel Adnan

Née en 1925 à Beyrouth (Liban), Etel Adnan est poète, écrivaine et peintre. À Beyrouth, elle fait partie du premier groupe d'étudiants à suivre les cours de Gabriel Bounoure à l'École des lettres. Elle poursuit ses études de lettres et philosophie à la Sorbonne (Paris) puis à l'Université de Californie, Berkeley et à Harvard. Entre 1958 et 1972, elle enseigne la philosophie de l'art à l'Université Dominicaine de la Californie à San Rafael. (Californie).

Auteur polyglote Etel Adnan écrit en français et en anglais et ses écrits sont régulièrement traduits en arabe. Plusieurs de ses poèmes ont été mis en musique, notamment par Gavin Bryars et Zad Moultaka, et elle a également travaillé avec Tania Leon, Henry Treadgill, Annea Lockwood et Samir Odeh-Tamini. Ecrivain et artiste, sa poésie se retrouve dans ses peintures et ses créations picturales. Etel Adnan peint depuis les années 1960, mais ce n'est qu'en 2012 que son œuvre a connu une reconnaissance internationale avec la *Documenta 13*. Plus de quarante expositions lui ont été consacré dans le monde entier. Ses œuvres récentes ont été remarquées à la dernière (2014) biennale du Whitney Museum à New York et le musée d'art moderne du Qatar, le Mathaf, lui a consacré une rétrospective en 2014, organisée par Hans Ulrich Obrist.

Etel Adnan

Born in 1925 in Beirut (Lebanon), Etel Adnan is a poet, writer and painter. In Beirut, she was part of the first group of students to study with Gabriel Bounoure at the École des Lettres. She continued her studies of literature and philosophy at the Sorbonne (Paris), and then at the University of California, Berkeley, and Harvard. Between 1958 and 1972, she taught Aesthetics at the Dominican University of California at San Rafael.

Multilingual author Etel Adnan writes in French and English and her work is regularly translated into Arabic. Several of her poems have been set to music, notably by Gavin Bryars and Zad Moultaka, and she has also worked with Tania Leon, Henry Treadgill, Annea Lockwood and Samir Odeh-Tamini. Writer and artist, her poetry is reflected in her paintings and pictorial creations. Etel Adnan has been painting since the 1960s, but it wasn't until 2012 that her work gained international recognition with *Documenta 13*. More than forty exhibitions worldwide have been dedicated to her work. Her recent works were noted at the last (2014) Whitney Museum Biennale in New York and the Mathaf Museum of Modern Art in Qatar dedicated a retrospective to her work in 2014, curated by Hans Ulrich Obrist.

Ce livre est le troisième volume de la collection Uncreative Writings
Dirigée par Mathieu Cénac & David Desrimais
en collaboration avec Pierre-Édouard Couton & Olivia de Smedt.

Direction d'ouvrage
Mathieu Cénac et David Desrimais
Assistés de Léa Lamy

Conception graphique
Joanna Starck

Typographies
Karmilla – Jonathan Pinhorn
Crimson Text – Sebastian Kosch

Remerciements
Aure Bergeret, Pierre & Hélène Cénac, Didier Desrimais

Jean Boîte Éditions
51, rue Claude Decaen
F-75012 Paris
jean-boite.fr

ISBN : 978-2-36568-014-1
Dépôt légal : septembre 2018
Première édition

Imprimé en Lituanie